우리가 즐겨먹는

한국음식

우리가 즐겨먹는

한국음식

최봉순 · 송경숙

Gadam PLUS BOOK & DESIGN

머리말

우리나라는 삼면이 바다와 접해 있고 70%가 산으로 이루어져 있으며 남쪽과 북쪽의 기후차이가 많아 식재료가 지역마다 조금씩 다르다. 또한 같은 산물이라도 그 맛과 향의 차이가 있다.

우리나라는 삼국시대 이전부터 농경문화의 영향으로 쌀, 콩, 조, 기장 등의 곡류를 주식으로 상차림이 구성되어 왔다. 주식과 부식으로 이루어진 상차림은 세계적으로 찾아보기 쉽지 않은 조합이라고 할 수 있다.

음식은 그 민족을 알 수 있는 대표적인 문화로 자연적 요소와 사회적 요소에 따라 변화되어 오고 있다. 지형, 기후, 풍토와 같은 자연적 환경은 다양한 산물을 내어주고, 정치 · 경제 · 종교 · 사회적 규범과 같은 사회 문화적 환경은 작은 나라 임에도 불구하고 색다른 음식문화를 형성하게 된다. 우리의 선조들은 제철에 나오는 재료에 맞추어 몸에 유익한 음식을 만들어 영양을 보충하고 이웃과 서로 나누어 먹음으로써 상부상조하는 자연친화적이고 자연에 순응하는 공동체 생활을 하여 왔다.

한국의 전통음식은 서민의 소박한 음식과 고장마다 특색 있게 내려온 향토음식이 기반이 되었으며, 고려왕조와 조선왕조를 거쳐 화려한 궁중음식으로 구성되어 있다. 또한 오랜 불교의 영향으로 담백한 사찰음식이 발달하였으며 우리 민족성이 잘 나타나는 나눔의 음식인 떡, 한과, 음청류가 발달하였다.

세계는 문화 전쟁이 이미 시작되고 있다.

한식의 탄탄한 기본 조리를 바탕으로 효율성을 높이고, 세계인에게 매력적인 음식으로 다가설 수 있게 하려면 다양한 시도가 필요하다. 몸이 건강해지는 한국 식재료의 선택과 식재료의 조합 뿐 아니라 식재료의 맛과 식감, 식기류와 담는 과정에서도 더욱 많은 노력을 기울여야 할 때 이다. 이 책은 후학들이 어렵지 않게 한식의 기본을 익히고 배울 수 있기를 바라는 간절함이 담겨 있다. 더불어 한식의 정체성을 지키며 발전해 나가는데 일조하기를 바라며 .....

2018년 2월

저 자

우리가 즐겨먹는 **한국음식**

목차

우리가 즐겨먹는 한국음식

목차

1장

한국의 음식문화

1. 한국음식의 특징

1) 한국의 자연환경

우리나라는 사계절이 뚜렷하고 지역 간의 기후 차이가 있어 각 지방마다 특산물이 다양하게 생산되어 발달되어 왔다.

한국 음식은 그 지역에서 생산되는 산물을 주로 이용하여 그 지역에 거주하는 주민들의 오랜 역사를 통해 그들의 환경적, 사회 문화적, 경제적, 정치적 요인의 영향을 받아 발전시킨 음식으로 형성되어 내려왔다. 그 지방에서 생산되거나 흔히 구할 수 있는 식재료를 이용하여 기후, 풍토, 지역적 특성이 반영되어 만들어졌다.

우리나라의 위치는 북위 33℃~43℃, 동경 124℃~132℃의 중위권에 위치해 있다. 북쪽으로는 중국대륙과 접해 있고 동쪽, 서족, 남쪽은 바다와 접해있는 반도국이다. 중국과 맞닿아 있어 물적, 인적 교류가 많았으며, 남쪽으로는 바다를 건너 일본과도 빈번한 교류가 있었다. 전 국토의 70%가 산지로 되어있으며 동쪽은 높고 서쪽은 낮은 동고서저(東高西低)로 이루어져 있다. 백두대간을 중심으로 남북으로 태백산맥과 낭림산맥이 자리 잡고 있으며 동서쪽으로 갈비뼈 같은 모양으로 남쪽에서부터 소백산맥, 노령산맥, 차령산맥 등 크고 작은 산맥과 한강, 낙동강, 금강, 섬진강, 영산강 등의 하천이 흐른다.

우리나라의 해안선을 보면 동해안은 단조롭고 해안선의 경사가 급하며 수심이 깊은 편인데, 서해안은 굴곡이 심하고 해안선의 경사가 완만하다. 서해와 남해안은 섬이 많아 다도해 지역으로 세계적인 리아스식 해안을 이루고 있다. 이와 같은 차이는 산맥의 발달 방향에 따른 영향이 많기 때문이다.

동해, 남해, 서해의 수온은 계절에 따라 달라 다양한 어장을 형성한다. 동해에는 난류성 어종인 고등어, 오징어, 삼치 등과 명태, 대구, 도루묵, 넙치, 광어 등이 잡힌다. 서해에는 조기, 갈치, 새우, 노래미, 광어, 민어 등이 있으며 간석지에는 굴, 바지락, 대합 등이 풍부하다. 남해에는 멸치, 돔, 농어, 우럭, 가자미, 광어, 도다리, 붕장어 등이 잡힌다.

우리나라의 위도는 10°사이에 걸쳐 있어 연평균기온은 서울이 11℃, 제주는 14.7℃, 개마고원의 중강진은 3.9℃로 남과 북의 10℃ 정도 차이가 난다. 또한 고온다습한 무더운 여름이 있고, 겨울에는 시베리아로부터 차고 건조한 북서계절풍이 불어와 춥고 건조한 기후가 지속된다. 이와같이 우리나라는 반도로 되어 있으며 태백산맥이 남북으로 길게 뻗어 있어 작은 국토인데도 불구하고 동서남북의 기후가 다양하다.

우리나라에서 겨울 기후의 특징 중 하나가 삼한사온이다. 이는 몬순기후의 강약에 따라 이루어지는 일종의 파동현상이다. 한파는 11월 중순부터 나타나기 시작하여 2월 말까지 또는 3월에도 한파의 영향이 있으며 꽃샘추위가 나타나기도 한다.

바람은 겨울에는 북서풍이 불며, 여름에는 남서풍이 불어 계절에 따라 방향이 다르게 나타난다. 동해에서 태백산맥을 넘어 불어오는 높새바람은 영동지방보다 영서지방의 기온이 높고 건조해 영서지방의 가뭄을 만들기도 한다.

기후는 위도나 해발 고도에 따라 다양하게 나타나는데, 여름에는 적도 부근의 태평양에서 불어오는 더운 바람의 영향으로 후덥지근하며 장마전선의 영향으로 집중호우가 내려 피해를 입기도 한다. 겨울에는 북쪽의 시베리아에서 불어오는 차가운 바람의 영향으로 춥고 건조한 기후가 길게 계속된다.

우리나라는 습윤기후 지역이어서 비가 많이 오는 편이다. 평균 강수량은 울릉도와 제주도가 1,400~1,800mm로 가장 많은 편이고 남해안이 1,400~1,500mm를 나타내고 중부지방이 1,200mm이며 북부지방이 800~900mm로 북쪽으로 갈수록 강수량이 점차 줄어드는 현상이 있다.

여름의 대표적인 기후 현상은 장마이다. 대개 6월 말부터 시작하는 장마는 7월 말까지 이어지면서 채소류의 가격을 급등하게 만드는 원인이기도 하다.

또한 계절풍 기후로 겨울에는 시베리아로부터 차고 건조한 북서계절풍이 불어와 춥고 건조한 기후가 지속되어 농경생활이 이루어지지 않았다.

우리나라는 청명한 기후와 산수가 풍요로워 채소의 맛이 연하고 식감이 뛰어나다. 사계절마다 생산되는 곡식과 채소가 다양하지만 겨울철에는 생산과 저장이 어렵기 때문에 처서절기 무렵부터는 건조를 하거나 절임을 하여 먹는 문화가 형성되었다. 절임문화의 대표적인 것이 김장문화이다.

2) 한국 식문화의 특징

음식 문화는 자연환경의 영향을 많이 받는다. 계절마다 지역마다 생산되는 식재료도 다르고 자연에서 얻어지는 나물의 종류도 다르다. 가을의 햇볕과 바람을 이용해 겨우 내내 먹을 각종채소를 말리기도 하고, 겨울에는 장아찌와 김장을 해서 계절의 변화에 대비하는 식문화가 형성된다.

서울과 수도권의 중부지방은 지형이 완만한 것과 같이 음식의 맛도 소박하고 간이 세지 않은 것이 특징이다.

남쪽으로 갈수록 경상도, 전라도 지역은 기후의 영향으로 음식의 맛이 짜고 매워지는 편이며 젓갈과 고춧가루를 많이 사용하고 있다.

이와같이 식문화는 자연환경과 더불어 그 민족이 살아 온 삶을 배경으로 독특하게 형성되었다.

(1) 지리적 특징

우리나라 지역은 높은 산맥과 강으로 나누어지면서 산물이 다양하게 생산되어 지고 있다. 동쪽과 서쪽의 지형과 특성이 다르고 남쪽과 북쪽의 특성이 달라 고장마다 산출되는 식품이 다양하다. 또한 오랜 왕권국가로 왕조가 바뀌고 도읍지가 바뀌는 것에 따라 지역의 음식 문화에도 많은 영향을 미쳤다.

음식문화는 자연적으로 형성된 지리적 특성과 기후가 다르기 때문에 지역마다 생산되는 식품의 종류가 다르다. 산간지방과 해안지방의 산물이 다르고, 봄, 여름, 가을, 겨울 계절마다 생산되는 산물이 다르다. 주식을 보더라도 북쪽에서는 논농사보다 밭농사가 많으며 작물의 질이 좋아 조밥, 감자밥, 서미밥 등을 주로 먹었고, 남쪽에서는 쌀밥과 보리밥을 주로 해 먹었다.

반찬으로는 산간지방에서는 산나물, 장아찌류, 마른반찬류, 말리거나 절인 생선류 등을 이용하였고 바닷가 근처의 지방에서는 생선류, 해초류, 어패류 등을 주로 이용하였다.

설날 음식은 북쪽에서는 뼈를 고아 만둣국을 주로 만들어 먹었고, 남쪽에서는 쇠고기나 멸치장국에 떡국을 끓여 먹었다.

김치 담글 때에도 북쪽에서는 양념을 적게 하고, 맑고 시원하게 하여 국물을 많이 만들어 먹었고, 남쪽에서는 젓갈을 이용하여 짜고 맵게 하여 따뜻한 기온에 저장이 오래 갈 수 있게 만들어 먹었다.

(2) 조리법 특징

한국 음식은 신석기 시대부터 조, 피 수수 등의 곡류를 재배하며 밭농사를 시작하였다. 청동기시대를 거치며 농사가 정착되면서 곡류를 중심으로 주식과 부식의 식사형태가 나타나게 된다. 한국음식의 조리법 상의 특장을 보면 다음과 같다.

첫째, 곡류를 주식으로 하였다.
둘째, 주식과 부식이 구분이 되었다.
셋째, 우리만의 고유한 조미료와 향신료를 사용하였다.
넷째, 겨울철을 대비하여 저장발효 음식이 발달하였다.
다섯째, 동물성 식재료와 식물성 식재료의 균형이 좋다.
여섯째, 약식동원(藥食同源)의 개념으로 재료 자체의 맛과 양념을 사용하였다.

(3) 제도적 특징

우리나라는 불교와 유교의 영향으로 식생활이 발달하였고 의례를 중요하게 생각하였다. 관혼상제(冠婚喪祭)의 규범을 엄격하게 지키며 음식문화에도 커다란 영향을 주게 되었다. 상차림에도 유교사상의 영향으로 장유(長幼), 남과 여를 구분하여 반상이 차려지고, 신분에 따라 3첩 반상, 5첩 반상, 7첩 반상, 9첩 반상, 12첩 반상이 차려져 왔다. 대가족 생활에서 돌, 책상례, 혼례, 회갑, 상례, 제례에 따른 통과의례와 가부장적 생활에서 오는 예의범절이 강조 되면서 의례음식과 상차림이 발달 하였다.

첫째, 의례를 중요시 하며 상차림이 발달하였다.
둘째, 일상식에서 독상 차림을 하였다.
셋째, 관혼상제와 통과의례를 중요 시 하였다.
넷째, 공동체 문화를 형성하며 공동체 풍속이 발달하였다.
다섯째, 명절과 시절에 따른 고유의 음식문화와 풍속이 발달하였다.

2. 한국음식의 역사

1) 선사시대

선사시대는 구석기시대, 신석기시대, 청동기시대, 철기시대를 말한다. 구석기시대는 돌을 이용하여 사냥을 하고 불을 사용하였다는 기록이 있다. B.C 6000연경은 신석기시대로 사냥과 고기잡이를 하였으며 빗살무늬토기를 사용하였다. 신석기시대 유물로는 움집에 있는 화덕터가 남아 있어 불을 이용하여 음식을 조리하였음을 알 수 있다. 신석기 중기에는 황해도와 평양 유적지에서 조가 출토된 것으로 보아 밭농사가 시작되었음을 알 수 있다. 또한 만주 일대에는 '맥족(貊族)'이 있어 우리 민족의 원형이 형성된 것으로 보고 있다.

2) 부족국가시대

부족국가시대에는 벼농사를 짓기 시작하여 밥과 반찬이 등장하는 주식과 부식의 식사형태가 나타난다. 또한 곡식을 시루에 쪄서 먹었던 조리법이 시작되었다. 고구려 안악 고분벽화에 그려진 시루와 경남 웅천의 조개무지에서 시루가 출토 된 것으로 보아 알 수 있다. 이후 농경이 더욱 발달하면서 수확에 대한 감사의 제천의식이 생기게 되고, 제천의식은 음식문화의 발전을 가져오게 되었다.

만주 지역에서는 수확된 콩을 이용하여 어두운 곳에 저장하여 소금을 섞은 '시(豉)'를 담기 시작하였다. B.C 1000년경의 함북 회령군 오동 유적지에서 콩이 발견 된 것으로 보아 이 시기부터 장의 원조 격인 '시(豉)'를 담기 시작한 것을 알 수 있다.

3) 삼국시대와 통일신라시대

삼국시대에는 철기문화가 더욱 발달하며 농사를 짓는 일에도 커다란 변화를 가져오게 된다. 철기의 이용으로 농사를 짓는 기술이 발달하게 되고 생산력이 증가하면서 식생활이 안정되었다. 쌀이 주식으로 자리 잡으며 계층이 생기기 시작하여 상류층이 만들어짐에 따라 신분제도가 형성되어 진다. 귀족층과 서민층의 계층 형성은 더 나아가 국가가 만들어지는 기틀이 된다. 또한 불교가 들어오면서 살생과 육식을 금하고 다양한 채식을 주로 하는 식문화가 자리 잡게 된다. 불교를 권장하는 정책과 더불어 상추, 순무, 무, 동아, 박, 마 등의 채소를 재배하고, 채소류의 조리도 점차 발달하여 사찰음식이 형성되게 된다.

통일신라시대에는 벼농사가 더욱 정착되며 쌀 뿐만이 아니라 밀, 보리, 귀리, 기장, 조, 팥, 녹두 등이 경작되었다. 가축으로는 소, 돼지, 양, 염소, 오리, 닭 등을 키우며 달걀과 우유를 얻게 된다.

4) 고려시대

통일신라 시대를 거쳐 고려시대에는 불교가 더욱 번성하며 육식이 쇠퇴하고 채소를 이용한 음식이 더욱 발전하였다. 더불어 차 문화가 크게 성행하여 차 마시는 그릇이 발전하며 고려청자가 생겨나게 되는 계기가 되었다. 차 마시는 풍습은 왕궁과 사원을 중심으로 귀족들 사이에 더욱 더 성행하게 된다.

고려 후기에는 몽고군이 주둔하게 되며, 그 영향으로 육식이 살아나게 되고 도살법이 전해지게 된다. 또한 소주 내리는 법이 전해지고, 두부, 콩나물이 들어 온 시기이기도 하다. 상류층에서는 음식을 만들 때 소금, 식초, 설탕, 후추 등의 조미료를 사용하게 되어 조리법이 다양해졌다.

5) 조선시대

조선시대는 숭유억불(崇儒抑佛) 정책으로 불교의 쇠퇴와 함께 차문화가 점차 사라지게 된다. 농경을 중시하여 곡식과 채소의 재배가 늘어나며 상차림의 구성이 정착되게 된다. 유교의 숭상과 함께 식생활에도 크게 영향을 받게 되고 개고기를 먹게 되었으며 숟가락과 젓가락을 사용하게 되었다. 한글로 쓰인 가장 오래된 조리서인 "음식디미방(1670년)"에는 개고기 조리법과 상화 만드는 법이 자세히 기록되어 있다. 조선시대에는 계급이 엄격히 구별되어 신분에 따라 차별이 심하게 되면서 이로 인해 독상차림이 생겨나게 되었다. 상차림에도 서민층에서는 3첩 반상, 5첩 반상을 하였고, 반가에서는 7첩 반상, 9첩 반상을 차리게 되고 왕의 수라상은 12첩 반상을 차리게 된다. 또한 궁중음식, 반가음식, 서민음식으로 나뉘어 지게 되었고 궁중음식의 화려함과 함께 음식 문화의 꽃을 피우게 된다.

상차림이 발달하게 되어 사계절에 따른 시식, 절식이 발달하고 명절음식이 정립되게 된다.

조선 중기에는 고추의 전래와 함께 호박, 고구마, 감자, 옥수수, 땅콩 등이 들어오게 된다.

고추의 전래는 김치의 색과 모양이 다양하게 되는 계기가 된다.

조선 시대에는 많은 조리서가 등장하게 되며 한글조리서로는 "규합총서", "음식디미방" 등이 등장하게 되며 음식 문화에 많은 영향을 주게 된다.

3. 한국음식의 상차림

1) 반상차림

반상차림은 밥과 반찬을 위주로 하여 격식을 갖추어 차린 상차림이다. 반상차림은 상을 받는 사람에 따라 밥상, 진지상, 수라상으로 구별된다.

반상에는 서민들은 3첩반상, 5첩 반상을 차리게 되고, 반가에서는 7첩 반상, 9첩 반상을 차리게 되어 반상차림에도 제한이 있었다. 궁중에서 수라상은 12첩 반상을 차리게 된다.

반상의 첩수는 밥, 국, 김치, 장류, 찜, 전골 등은 기본이 되는 음식으로 첩 수에는 들어가지 않는다. 첩은 뚜껑이 있는 찬을 담는 그릇인 쟁첩을 말하는 것으로 쟁첩에 담긴 찬품의 수를 가리킨다.

"시의전서(1800년대 말, 작자미상)" 에는 5첩, 7첩, 9첩 상의 반배도가 그려져 있다.

3첩 반상은 생채 또는 숙채, 구이 혹은 조림, 마른 찬이나 장아찌 또는 젓갈 중에 한 가지씩 차려지고, 밥, 국, 장류, 김치가 올라오게 된다.

[찬의 가짓수에 따른 반상차림 구성]

첩수			3	5	7	9	12	기명
첩수에 들어가지 않는 음식	밥		1	1	1	1	1	자발바리
	국		1	1	1	1	1	탕기
	김치		1-2	2	2	3	3	보시기
	장류		1	2	3	3	3	종지
	찌개			1	2	2	2	조치보 뚝배기 조반기
	찜				택1	1	1	
	전골					1	1	전골틀
첩수에 들어가는 음식	나물	1	택1	택1	1	1	1	쟁첩
		1			1	1	1	
	구이		택1	1	1	1	2	
	조림			1	1	1	1	
	전					1	1	
	마른찬		택1	택1	택1	1	1	
	장아찌					1	1	
	젓갈					1	1	
	회				택1	택1	1	
	편육						1	
	수란						1	

2) 죽상차림

죽, 미음, 응이 등의 유동식을 주식으로 하여 차린 음식으로 위에 부담이 되지 않는 음식이다. 궁중에서는 초조반으로 죽, 미음, 탕약 등의 유동식을 가볍게 먹기도 하였다.

죽상차림에는 동치미, 나박김치, 마른 찬, 맑은 찌개 등이 차려지게 된다. 죽과 함께 청장, 소금, 꿀이 올려진다.

3) 면상차림

잔치가 있을 때 점심으로 차린 상차림으로 주로 국수를 위주로 차린 상이다. 주식은 온면, 냉면 등이고 부식으로는 찜, 겨자채, 잡채, 편육, 전, 김치류, 한과, 생과일 등이 있다.

면상차림은 점심에 주로 차리게 되고, 잔치가 있을 때 장수를 의미하여 빠지지 않고 올라오는 음식이다.

4) 주안상차림

술을 대접하기 위한 상차림으로 술과 안주가 되는 음식 위주로 구성되어 있다. 우리 민족은 손님이 오면 주안상이나 다과상을 차려 대접하였다. 주안상은 손님의 기호에 따라 술과 안주를 장만하는데 육포, 어포, 전, 편육, 신선로, 전골, 찌개, 떡, 한과, 과일 등이 차려진다.

5) 교자상차림

교자상차림은 명절이나 집안에 잔치가 있을 때 많은 사람이 함께 식사를 할 수 있도록 차리는 상차림이다. 교자상은 큰 사각상이나 개원반에 차려지게 되는데 주식으로 밥, 면류, 떡국, 만두류를 계절에 맞게 내놓는다.

6) 다과상차림

손님이 왔을 때나 식사 시간 외에 다과를 위주로 차려지는 상차림이다. 다과상은 면상이나 주안상의 후식으로 차리기도 한다. 다과상에는 계절 떡, 한과, 음청류, 김치 등이 올라간다.

4. 한국음식의 분류

1) 궁중음식

궁중음식은 8도의 각 고을의 진상품으로 올라 오는 식재료를 이용하여 조리 기술이 뛰어난 주방 상궁과 대령숙수(待令熟手)들이 조리하는 음식이다.

궁중음식은 각 지방의 특산물로 엄선된 식재료를 이용하여 만들어 졌다. 음식의 종류가 많고 잔치나 연회가 많아 고임상이 발달하였다. 평상시에는 상궁들이 조리하지만, 잔치나 연회가 있을 때에는 숙수가 조리를 하게 된다. 한국음식은 모든 간과 음식의 맛을 간장, 고추장, 된장으로 하기 때문에 궁중에서는 장을 관리하는 상궁을 두어 생각시 2~3명과 함께 장 관리는 철저하게 하였다.

궁중 안에서는 상차림과 식사예법이 엄격하고 조리 용어가 달라 수라, 송송이, 조치, 조리개, 장괴, 지냐 등의 용어가 사용된다.

궁중에서 임금님의 일상식은 하루에 5번을 차리게 된다.

아침에 일어 나게 되면 자릿조반(초조반)이 차려지게 되는데 미음, 응이, 보약 등이 올라 온다.

아침 수라상(조반)은 오전 10시에 차려지는데 수라는 백반과 홍반이 차려지고, 탕은 곽탕과 곰탕이 차려지고, 조치는 토장조치와 젓국조치가 차려지게 된다.

낮것상은 오후 2시경에 차려지는데 장국상이나 다과상이 차려지게 된다.

저녁 수라상(석반)은 오후 5시에 차려지는데 수라상은 아침 수라상과 저녁 수라상이 차려진다.

야참은 자리에 들기 전에 면, 약식, 식혜, 타락죽 등이 올라 온다.

임금님의 수라상은 12첩 반상으로 대원반, 소원반, 책상반이 차려지는데 붉은 옻칠을 하여 좋은 기운을 가져 오는 특별한 의미가 담겨 있다.

대원반에는 백반, 홍반, 국이나 탕, 깍두기, 배추김치, 동치미 마른찬, 자반, 조리개, 전유어, 장, 젓갈, 편육, 토구 등이 올라 온다. 대원반에는 수저가 2벌 올라 오는데 한 벌은 기름이 없는 음식용이고 또 한벌은 기름진 음식용 이다.

소원반에는 기미상궁이 시중드는 상으로 수라나 탕, 찜, 육회, 수란, 구이, 숭늉, 빈접시 등이 차려지고 기미상궁이 기미를 보는 여벌의 수저가 있다.

책상반은 전골상궁이 시중을 드는데 전골이나 더운 구이를 임금님께 올린다.

임금님은 식사를 하기 전에 휘건을 둘러 용포에 음식물이 떨어지는 것을 방지하였다.

2) 반가음식

반가음식은 양반층의 음식으로 궁중의 음식과 비슷하다. 양반들은 궁중을 출입하고 왕가와 친척 관계가 있기 때문에 궁의 식생활을 자연스럽게 본받게 된다. 궁의 혼인은 반가에서 왕비나 세자빈을 간택하기도 하고 공주나 옹주를 반가에 출가시키기도 한다. 따라서 왕가의 음식이나 풍습이 행해지게 된다. 평소에는 찬방에 찬모, 반모, 비자들이 일을 하고 잔치 때는 남자 숙수들이 도와주기도 한다.

3) 향토음식

우리나라는 삼국시대를 거쳐 왕권국가로써 고려시대와 조선시대를 통해 궁중음식이 화려하게 펼쳐졌고, 소박하면서도 영양의 균형을 이뤄 온 서민들의 음식인 향토음식이 있다.

우리나라는 사계절이 뚜렷하고 지역 간의 기후 차이가 있어 각 지방마다 특산물이 다양하게 생산되어 발달되어 왔다.

향토음식은 그 지방에서 생산되는 특산물을 이용하여 조리되어진 음식이다. 그 지역에서 오래 전부터 고유하게 이어져온 조리법으로 만들어진 음식이기도 하다. 또한 일상적으로나 문화적 행사 등을 통하여 만들어진 음식이다.

향토음식은 종교의 영향을 많이 받으며 조선시대의 유교문화를 배경으로 지방 유림이나 토속세력들이 넉넉한 살림살이에 의해 발전되기도 했다.

우리나라는 높은 산맥과 강으로 지역이 나누어지면서 산물이 다양하게 생산되어 지고 있다. 우리나라는 동쪽과 서쪽의 지형과 특성이 다르고 남쪽과 북쪽의 특성이 달라 고장마다 산출되는 식품이 다양하다. 또한 오랜 왕권국가로 왕조가 바뀔 때마다 도읍지의 발달과 함께 음식 문화도 많은 영향을 미쳤다.

향토음식은 조리적 조건에 따른 특징인 지역성, 그 고장만의 특성에 따른 독창적인 조리법, 그 고장 사람들의 사고방식과 생활양식에 따라 전승되어져 온 문화와 접목된 음식 문화인 의례성이 있는 음식을 말한다.

향토음식을 보면 이천 쌀밥, 전주 비빔밥, 춘천 닭갈비, 마산 아귀찜, 제주 흑돼지 등 다양한 메뉴가 지역관광의 활성화를 가져오고 있다.

① 지역성

향토음식의 지역성은 그 지역에서만 먹을 수 있는 음식을 말한다. 특정지역의 기후, 지세 등 자연환경에 순응하면서 독특하게 개발된 음식으로 그 지역의 정치, 경제, 문화의 변천과 영향을 받으면서 그 지역 사람들이 일상적으로 먹는 음식으로 타 지역의 음식과는 비교할 수 없는 특성을 가진 맛과 형태를 지닌 음식이라고 하였다.

예를 들면 산간지방은 논농사보다 잡곡이 많아 조, 감자, 고구마, 옥수수 등을 이용해 주식으로 먹어왔다. 향토음식은 이와같이 지역에 따라 기후에 따라 다른 지역과는 차별화되어 있어서 지역민들에게 기호가 다르게 형성되었다. 근대에 와서 농작 기법이 발전되고 교통의 발달과 함께 차별성이 점차 좁아들고 있다. 또한 지구상의 기후 변화와 함께 이상 현상이 생겨 산물의 변화가 조금씩 나타나고 있다.

② 독창성

향토음식의 독창성은 그 지역만의 고유한 조리법이 형성되어 대표음식으로 정착된 음식이 있다. 황태는 강원도의 대관령, 진부령을 중심으로 고원지대에 위치하기 때문에 영하 10℃ 이하에서 얼었다 녹았다 하기를 4개월 이상 하게 된다. 이런 과정을 거치면서 노랗고 부드러운 황태가 만들어지고 황태를 이용한 음식이 전국에서 사랑받고 있다.

조기는 법성포의 질 좋은 소금과 법성포의 환경이 적당하기 때문에 질 좋은 굴비가 탄생하게 된다. 기온은 1.5도, 습도 75.5%, 풍속 4.8미터의 기상 조건과 서해에서 불어오는 하늬바람의 영향으로 건조 조건이 다른 지역보다 월등히 좋아 품질 좋은 조기가 탄생된다.

③ 의례성

향토음식의 의례성은 지역의 여러 가지 문화적 환경을 통하여 발달해 온 음식을 말한다. 고장마다 풍속이나 의례 행사가 이어져 오면서 자리 잡아 특별한 의미를 지닌 음식을 말한다.

설렁탕은 조선시대에 농경위주의 생활을 하면서 선농단에서 왕이 직접 밭을 가는 행사를 하며 농사가 잘 되기를 기원하는 행사를 하였다. 행사를 마치면 소를 잡아 가마솥에 끓여 사람들에게 나누어 먹이면서 선농단이 설렁탕으로 부르게 된 유래가 되었고, 이와같이 의례 행사를 하면서 먹어온 향토음식이다.

(1) 서울

서울은 한반도의 중앙부에 있는 수도로 조선의 600년 도읍지이며 전국 각 지역의 다양한 식재료가 모두 모이는 곳이다. 또한 정치 · 경제 · 문화 · 교통의 중심지이다.

동쪽으로는 남양주시, 구리시, 하남시 등이 자리 잡고 있고, 서쪽으로는 고양시, 김포시, 부천시 등이 있으며, 남쪽으로는 성남시, 과천시, 광명시 등이 있다. 또한 북쪽으로는 의정부시, 양주시 등이 접해 있다.

서울은 우리나라 4대 하천의 하나인 한강 하류에 위치하고 있으며 연평균 기온은 12.1℃이며 연강수량은 1,358mm이고 주로 여름에 집중된다.

서울 음식의 특징은 종류가 다양하고 손이 많이 가는 화려하고 격조 높은 음식이 많다.

음식의 간은 세지도 싱겁지도 않은 정도로 하고 깔끔한 맛을 보인다. 서울지방은 지역 자체적으로 생산되는 식재료는 많지 않지만 각 지역에서 나는 좋은 식재료가 모이기 때문에 다양하고 격조 있는 음식을 만들어 먹었다.

- 주식 : 장국밥, 비빔국수, 국수장국, 떡국, 잣죽, 흑임자죽
- 찬류 : 설렁탕, 육개장, 선지국, 각색전골, 구절판, 잡채, 신선로, 갈비찜, 불고기, 너비아니, 탕평채, 어채, 도미찜, 장김치, 육포
- 후식류 : 약식, 두텁떡, 매작과, 식혜, 배숙

(2) 경기도

경기도 지방은 서울을 중심으로 동서남북으로 광범위하게 자리하고 있다. 서해안 지역은 바다와 접하고 있어 해산물이 풍부하고, 북쪽지역은 산간지대가 많아 다양한 산나물과 밭작물이 많다. 남쪽지역은 벼농사와 밭농사가 고루 생산되어 농수산물이 풍부한 지역이다.

옛 고려의 도읍지인 개성이 있어 정성이 많이 들어가고 화려한 음식이 사치스러울 정도이다. 그러나 개성을 제외한 지역에서는 비교적 소박하고 간은 세지도 약하지도 않은 편이다. 중간 정도의 간을 하고 양념도 많이 쓰지 않으며 구수함을 즐기는 편이다.

북쪽으로는 황해도와 접해 있고 동쪽으로는 강원도가 접해 있으며, 남쪽으로는 충청도와 접해 있어서 식재료와 음식이 같은 것이 많다. 곡식을 이용하여 잡곡밥을 만들고 국수를 즐겼다.

- 주식 : 조랭이떡국, 개성편수, 오곡밥, 메밀칼싹두기, 수제비
- 찬류 : 개성닭젓국, 민어탕, 종갈비찜, 홍해삼, 개성 무찜, 소갈비구이, 메밀묵무침, 장떡, 용인외지, 이천 게걸무김치, 개성 보쌈김치, 순무김치
- 병과류 : 여주산병, 우매기, 수수부꾸미, 인삼정과, 개성약과, 송화다식

(3) 강원도

강원도는 우리나라 북동부에 있으며 산지가 90% 이상을 차지하는 지역이다. 태백산맥을 중심으로 동쪽은 동해안을 끼고 강릉, 속초 등의 영동지방이 있고 서쪽으로는 춘천, 원주, 화천, 홍천, 횡성, 정선 등의 영서지방이 있다. 영서지방은 지형이 완만하며 협곡과 분지가 발달되어 있으며 생산되는 농작물은 감자, 옥수수, 메밀 등으로 다른 지방의 산물보다 맛이 뛰어나 이를 이용한 음식이 발달하였다.

영동지방은 태백, 삼척, 동해, 강릉, 양양, 속초, 고성 등으로 급경사가 많으며 긴 해안이 형성되었다. 이 지역은 논농사보다 밭농사가 발달 되었으며 바다와 접해 있어 다양한 해산물을 이용한 음식을 즐겨 먹었다. 감자, 옥수수, 메밀 등이 생산되며 산에서 채취하는 산채나물은 구황식물로 이용되기도 했다. 해안지역에서는 오징어, 명태, 가재미 등의 해산물이 많아 황태, 마른 오징어, 명란젓, 창란젓 등의 음식을 즐겼다. 대관령과 같이 높은 지대에서

는 감자, 배추, 무 등의 고랭지 채소의 재배와 목축업이 발달하였다.

강원도 지방은 북위 37°와 38°사이의 중위도 온대성 기후에 위치해 있다. 여름에는 고온다습하고 겨울에는 한냉 건조한 대륙성 고기압의 영향으로 춥고 건조하다.

강원도 지방의 음식은 바닷가와 산간지대에서 생산되는 물고기, 곡식, 산나물로 만들어지는 음식이 대부분이다. 벼농사에는 토질이 적합하지 않아 곡식으로 옥수수, 메밀, 조, 차조 등이 재배되어 잡곡밥이 기본을 이루고 있다. 동해를 끼고 육류보다는 신선한 생선이 많이 잡혀 회를 먹거나 말려 먹는 음식이 발달하고 이를 가공한 건오징어, 건미역, 명란젓, 창란젓을 잘 담갔다.

음식은 사치스럽지 않고 극히 소박하고 먹음직스럽다. 조리법은 비교적 간단하며 자연의 맛을 살려서 만들었다.

- 주식 : 강냉이밥, 옥수수범벅, 감자밥, 곤드레나물밥, 춘천막국수, 올챙이국수, 감자옹심이
- 찬류 : 도토리묵사발, 황태구이, 춘천닭갈비, 오징어순대, 더덕구이, 감자부침, 곰취나물, 문어숙회, 명이장아찌, 명태식해
- 병과류 : 감자송편, 메밀총떡, 방울증편, 송화다식, 잣박산, 옥수수엿

(4) 충청도

충청도는 한반도 중부의 남쪽에 위치하고 하고 있으며 남한강 유역에는 단양, 제천, 충주, 음성, 진천이 위치하고 있고, 금강 유역에는 청주, 청원, 보은 등이 있어 북방문화와 남방문화가 함께하는 곳이다. 충청북도는 우리나라에서 유일하게 바다와 접하지 않고 있는 내륙으로 태백산맥, 소백산맥, 차령산맥으로 차단된 분지형태를 이루고 있으며 우리나라에서는 보기 드문 대륙성기후의 특징을 나타내고 있다. 충청북도와 충청남도 사이는 금강을 경계로 광활한 평야를 형성하고 있다. 충청도 지방은 서쪽으로 바닷가를 접하고 있으며 해안선이 복잡하고 넓은 개펄이 있어 조개와 해산물이 다양하다. 또한 비옥한 농지가 있어 곡류 생산이 많고 밭작물이 풍성하며 소백산맥 자락이 있어 다양한 산채와 버섯이 있다.

충청도는 대표적인 온대지역으로 우리나라에서 중간적인 기후특성을 가지고 있다. 충청

도의 기후는 온화하며 대륙성 기후로 겨울에는 동해안보다 추울 때가 있고 해안지대에는 적설량이 많은 것이 특징이다. 서해안과 내륙지방의 기온차가 2℃ 정도 나고 강우량은 금강유역과 태안반도 지방이 많은 편이다.

충청도의 음식은 맛이 순하며 소박한 인심을 닮아 꾸밈이 없는 편이다.

- 주식 : 보리밥, 굴밥, 날떡국, 인삼어죽, 호박범벅
- 찬류 : 올갱이국, 빠금장찌개, 새뱅이찌개, 게국지, 밀국낙지탕, 다슬기국, 올갱이국, 도리뱅뱅이, 말린묵 볶음, 도토리묵 무침, 호박고기적, 위어회, 어리굴젓,
- 병과류 : 곤떡, 쇠머리떡, 곤떡, 해장떡, 햇보리떡, 도토리떡, 약편, 소곡주, 구기자차

(5) 경상도

경상도는 한반도의 가장 오른쪽에 있으며 대표적인 도시인 경주와 상주 두 지방의 글자가 합해져서 붙여진 이름이다.

경상도 지방은 동해와 남해를 끼고 있고 낙동강 물줄기를 따라 남강, 황강, 밀양강, 양상전 능의 하전이 발달되어 있어 눌이 풍부하고 기름진 평야가 있어 넉넉한 농작물이 생산된다. 남해에는 리아스식 해안이 발달되어 있으며 약 4천개의 크고 작은 섬이 있다. 우리나라에서 두 번째로 큰 거제도와 네 번째로 큰 남해도가 위치해 있어 싱싱한 해산물이 풍부하다. 경상도 울릉군에 있는 독도 인근에는 한류와 난류가 만나 황금어장을 이루고 있으며 생물체와 해산물이 풍부한 것이 특징이다.

경상도는 대부분 산맥이 둘러싸고 있어 겨울과 여름의 기온 차가 크고 강수량이 적은 것이 특징이며 남부내륙 지역이 높고 북부와 동해안 지역이 낮은 편이다.

해안가에서는 싱싱한 생선으로 여러 가지 물회를 만들어 먹고 장국 육수도 고기 보다는 멸치나 조개류를 많이 이용하고 고래 고기나 상어 고기도 즐기는 편이다. 고래 고기는 불포화지방산이 풍부하여 경상도 지역에서는 제사상에 올리기도 하는 유명한 음식이다.

경상도는 가야 문화와 신라 문화, 선비들의 유교 문화 등이 조화를 이루며 교통의 불편함으로 외부문화의 유입이 늦은 편이어서 지방이나 종가의 고유한 문화가 잘 보존되어 있다.

경상도 음식은 유교문화의 영향으로 음식이 사치스럽지 않고 투박하며 소담하게 만들어

진다. 음식은 얼얼하도록 맵고 간은 센 편으로 투박하지만 칼칼하고 감칠맛이 있는 것이 특징이다.

- 주식 : 진주비빔밥, 통영비빔밥, 헛제삿밥, 멍게비빔밥, 충무김밥, 굴떡국, 안동칼국수
- 찬류 : 재첩국, 아귀찜, 미더덕찜, 동래파전, 배추전, 돔배기적, 과메기쌈, 명이장아찌, 안동식혜
- 병과류 : 만경떡, 쑥굴레, 잡과편, 유자화채, 안동소주, 과하주

(6) 전라도

전라도는 한반도의 서남쪽에 위치하고 있으며 이 지역의 대표적인 전주와 나주의 이름에서 붙여진 이름이다. 동쪽으로 소백산맥이 있어 영남지방과 경계를 이루고 있고 북으로는 금강이 충청도와 경계를 이루고 있다. 전라도는 호남지방이라 불리며 2천여 개의 많은 섬으로 이루어져있다.

비옥하고 넓은 평야, 서해와 남해를 끼고 있는 넓은 바다, 높은 산악지대의 지리적 특성을 갖춘 전라도 지역은 사계절 내내 다양한 식재료가 생산되고 있다.

전라도 지방은 넓은 호남평야의 풍부한 곡식과 서해, 남해를 끼고 다양한 해산물이 많다. 또한 조선 왕조 이씨의 본관인 전주와 각 고을마다 부유한 토속세력이 있어 음식에 정성이 많이 들어가 있고 사치스러울 정도로 유별난 음식이 많다. 다양한 식재료를 이용하여 조리법이 다양하고 고명이 매우 화려하며 정성이 많이 들어간 음식이 많다. 전라도 지방은 상에 올라오는 음식의 가짓수가 많아 호남의 넉넉한 인심을 그대로 보여주고 있다.

전라도 지방은 기후가 따뜻하여 음식의 간이 센 편이고 젓갈과 고춧가루를 많이 넣어 음식이 맵고 짜고 자극적인 편이다.

- 주식 : 전주비빔밥, 콩나물국밥, 대통밥, 백합죽, 오누이죽, 피문어죽
- 찬류 : 순창고추장, 추어탕, 나주곰탕, 낙지연포탕, 매생이국, 머위들깨탕, 홍어찜, 홍어삼합, 죽순찜, 장어구이, 떡갈비구이, 꼬막무침, 죽순회, 세발낙지호롱, 영광굴비, 고들빼기김치, 돌산갓김치
- 병과류 : 수리취떡, 감단자, 모시잎떡, 유과, 진도홍주

(7) 제주도

제주도는 한반도의 남해상에 위치해 있고 제일 남단에는 마라도가 있다. 한라산은 화산 활동의 결과로 만들어져 방패모양을 하고 있으며 중심에 백록담 화구를 갖고 있다.

제주도는 우리나라에서 가장 큰 섬으로 독특한 생활방식으로 음식 문화가 형성 되어졌다. 제주도의 기후는 아열대성 기후권으로 연중 온난 습윤한 해양성 기후 특성을 보인다. 하지만 여름은 길고 더운 편이지만 해양의 영향으로 고온으로 올라가지는 않는다. 한라산 남동지역은 강수량이 많아 봄장마는 '고사리장마'라 하여 고사리가 쑥쑥 자라는데 도움을 준다.

제주는 논농사 보다는 밭농사가 발달하였고 어촌은 고기잡이뿐 아니라 해녀들의 잠수 어업으로 해산물을 얻고, 한라산을 중심으로 산촌에서는 산을 개간하여 버섯, 산나물을 채취하였다. 밭농사는 콩, 보리, 조, 메밀, 녹두 등이 많이 생산되며 이를 이용한 음식을 만들어 먹었다. 제주도는 감귤이 중요한 산물 중 하나인데 삼국시대부터 재배한 것으로 알려진다. 또한 전복은 임금에게 올렸던 진상품으로 진귀한 특산물 중의 하나였다.

제주도는 육지와 다르게 제주도만의 독특한 조리법이 이어져 오고 있다. 반찬을 만드는데 여러 가지 재료를 쓰지 않는 편이며 음식의 장식이 단순하여 고명을 곁들이려는 노력을 하지 않는 편이다. 또한 양념이나 향신료의 사용이 별로 없고 조리 시간이 비교적 짧으며 간이 찌디는 것이디.

- 주식 : 전복죽, 옥돔죽, 깅이죽, 성게죽
- 찬류 : 옥돔구이, 옥돔미역국, 모자반국, 성게미역국, 전복죽, 고사리전, 갈치 호박국, 오분자기찜, 돔배고기, 한치물회, 자리젓, 성게젓,
- 병과류 : 빙떡, 상애떡, 오메기떡, 밀감화채

(8) 황해도

황해도는 한반도의 중부지대의 서쪽에 위치한 지역이다. 북쪽으로는 평안남도, 북동쪽으로는 함경남도, 동쪽으로는 강원도, 남쪽으로는 경기도와 접하고 있고 서쪽에 황해가 있다. 재령강, 예성강, 대동강이 접하고 있으며 북한지방의 곡창지대로 연백평야와 재령평야가 있어 질 좋은 쌀이 생산되고 있다. 따라서 사람들의 인심이 좋고 풍부한 농산물로 생활

이 넉넉한 편이다. 주요 작물은 조, 기장, 수수, 콩, 팥, 밀 등이다.

해안선의 수심이 얕고 난류와 한류가 교차하여 양식에도 알맞은 조건을 갖고 있다. 대표적인 수산물은 조기로서 최대의 조기 어장으로 꼽힌다. 그 외에도 멸치, 전어, 숭어, 명태 등의 어류와 김, 다시마, 미역 등의 양식도 하고 있다.

음식은 대체로 양이 풍부하고 음식에 기교를 부리지 않아 소박하게 만드는 것이 특징이다. 음식의 간은 짜지도 싱겁지도 않으며 김치는 맵지 않고 시원하게 만들어 국물을 넉넉히 하는 편이다.

황해도는 고려의 도읍지인 개성이 있어 고려풍의 궁중음식이 많이 남아 있다.

음식은 미나리과의 고수와 분디를 사용하는데 배추김치에도 고수를 사용하고, 호박김치에는 분디를 넣기도 한다.

- 주식 : 해주비빔밥, 남매죽, 잡곡밥, 호박만두
- 찬류 : 김칫국, 조기국, 행적, 개성장떡, 연안식해, 호박김치, 백김치, 고수김치
- 병과류 : 오쟁이떡, 잡곡부치개, 닭알떡, 개성경단

(9) 평안도

평안도는 고조선이 건국 된 곳이며 고구려의 도읍지인 평양이 있는 곳이다. 흔히 관서지방이라 부르며 관서는 '철령관' 서쪽에 있다고 하여 붙여진 이름이다. 평안도는 평양과 안주의 글자를 따서 만든 지명이다.

서쪽으로는 평야가 넓어 곡식이 많이 생산되며 황해와 접해 있어 해산물이 풍부하다.

평안도는 기질이 대륙적이어서 음식이 큼직하고 푸짐하게 하여 먹음직스럽게 만들었다.

겨울이 길고 추워 기름진 음식을 즐겨 먹었으며 콩, 녹두, 메밀로 만든 음식이 많다. 이 지역은 가지가 많이 생산되어 가지김치, 가지나물 등의 음식을 만들어 먹었다.

간은 싱겁지도 않고 맵지도 않은 편이다.

- 주식 : 온반, 닭비빔밥, 평양어죽, 온면, 만둣국, 평양냉면, 굴린만두
- 찬류 : 숭어국, 어복쟁반, 초계탕, 콩비지탕, 녹두지짐, 백김치, 동치미, 가지김치
- 병과류 : 노티, 송기떡, 꼬장떡, 골미떡

(10) 함경도

함경도는 한반도의 가장 북쪽에 위치하고 있으며 백두산과 개마고원이 있는 험준한 산악 지대로 논농사 보다는 밭농사가 많다. 기후가 낮은 편으로 밭곡식이 많아 잡곡의 생산량이 많으며 품질이 좋고 맛이 구수하다. 이 지방은 주식이 기장, 조등의 잡곡밥을 주로 먹고 고구마나 감자의 품질이 좋아 녹말을 내서 국수를 만들어 먹었다.

함경도는 우리나라에서 가장 추운 지방으로 영하 40℃까지 내려가기도 하여 겨울 김장을 11월 초순부터 한다. 기온이 낮기 때문에 새우젓이나 멸치젓 등의 젓갈을 많이 쓰지 않고 소금을 주로 사용한다. 동태나 대구 등의 담백한 생선을 배추김치 포기 사이에 넣고 김치를 하고 국물을 넉넉히 넣는다. 겨울에는 동치미 항아리를 땅에 묻어 살얼음과 함께 물냉면을 말아 먹기도 한다.

함경도는 동해 바다와 접해 있는데, 동해바다는 세계적으로 큰 어장으로 담백한 생선이 많아 명태, 청어, 대구, 연어 등의 해물이 풍부하다. 이러한 생선을 이용하여 저장성이 좋은 식해나 젓갈을 만들어 먹었다.

음식의 모양은 큼직하고 시원스러우며 기교를 부리지 않은 투박한 모양새를 하고 있다. 음식의 간은 담백한 편이지만 생선을 맵게 회로 무쳐 냉면에 얹어 먹기도 했다. '다대기' 라는 말도 이곳에서 나온 말로 고춧가루에 여러 가지 양념을 하여 만든 것이다. 겨울에는 동치미를 담가 땅에 묻어 살얼음을 섞어가며 즐기기도 했다.

- 주식 : 잡곡밥, 닭비빔밥, 함흥냉면, 옥수수죽, 감자막가리만두
- 찬류 : 원산해물잡채, 북어전, 콩부침, 아바이순대, 동태순대, 가지미식해,
- 병과류 : 오그랑떡, 언감자떡, 꼬장떡, 들깨강정, 콩엿강정

4) 세시풍속에 따른 절식과 시식음식

우리나라는 기후와 계절에 따라 세시풍속이 발달하였다. 세시음식은 시식과 절식으로 나뉘는데, 시식은 춘하추동 계절에 다라 만드는 음식을 말한다. 절식은 다달이 있는 명절에 따라 차려 먹는 음식이다. 시식과 절식은 사계절 자연의 영향을 받아 자연스럽게 형성되어 왔다.

(1) 설날

설날(음력 정월 초하룻날)은 세배하러 온 사람에게 설음식(세찬)과 술(세주), 떡국 등을 대접한다. 술을 마시는데 '세주불온'이라 하여 '설날에 마시는 술은 데우지 않는다' 하여 찬술을 한잔씩 마셨다. 떡국은 장수를 기원하는 뜻에서 흰 쌀을 쪄서 길게 뽑은 가래떡을 납작하게 썰어서 끓인다. 설날은 옷을 지어 설빔을 만들어 입고, 조상들에게 차례를 지내며, 어른들께 세배를 올리면 어른들은 덕담을 하였다. 또한 복조리를 걸어 복이 들어오기를 바라기도 하였다. 그 외에도 윷놀이, 널뛰기, 머리카락 태우기 등을 하는 풍습이 있었다.

설날의 대표적인 음식은 떡국, 만둣국, 전유어, 편육, 각색 나물, 약식, 식혜, 수정과, 강정류, 세주 등이 있다.

(2) 입춘

입춘은 정월에 첫 번째로 드는 절기로 대한과 우수 사이에 오며 봄의 시작을 의미한다. 입춘 음식은 햇나물 무침을 주로 하여 탕평채, 승검초(당귀의어린싹), 산적, 죽순 나물, 죽순찜, 달래 나물, 달래장, 냉이 나물, 산갓 김치 등이다. 햇나물 무침을 먹는 이유는 겨우내 결핍된 신선한 야채를 보충하기 위한 것이다. '입춘오신반 '이라 하여 움파, 산갓, 당귀싹, 미나리싹, 무싹 등 5가지의 시고 매운 생채요리를 만들어 새봄의 미각을 돋우었다.

궁중에서는 움파, 멧갓, 승검초 등을 겨자와 함께 무치는 생채 요리인 오신반을 수라상에 올렸다. 오신반은 재료가 극히 제한된 것이었으나 일부 상류층의 절식이었다. 이것을 본보기로 민간에서는 입춘일에 눈 밑에 돋아난 햇나물을 뜯어다 무쳐서 입춘절식으로 먹는 풍속이 생겼다.

입춘 음식은 탕평채(탕평채), 승검초산적, 죽순나물, 죽순찜, 달래장, 냉이나물, 산갓김치, 오신반, 편(백편, 꿀찰떡), 주악, 단자 등이 있다.

(3) 정월대보름

정월대보름은 신라시대부터 지켜온 명절로 달이 가득 찬 날이라 하여 재앙과 액을 막는 제일(祭日)이다. 귀밝이술은 이른 새벽에 청주 한잔씩 마시는 것으로 데우지 않고 차게 해서 마시는데, 귀가 밝아질 뿐 아니라 1년 동안 좋은 소식만 듣는다 하여 부녀자들도 마셨다.

오곡밥은 5가지 이상의 곡식을 섞어 지은 밥으로 약식보다 보편적인 형태로 변한 것이라 볼 수 있다. 또한 상원 날에는 세집 이상의 남의 집 밥을 먹어야 그 해 운이 좋다고 하였다. 평소 세 번 먹는 밥을 이날은 아홉 번 먹어야 좋다고 하여 여러 집에서 오곡밥을 서로 나누어 먹기도 하였다.

정월대보름 음식은 묵은 나물, 복쌈, 부럼, 원소병, 귀밝이술 등이 있다.

(4) 중화절

정조 병진년(1766)에 음력 2월 초하루를 당나라 중화절의 옛일을 본 따 농사일을 시작하는 날로 삼았다. 중화절은 정조 때부터 시작하여 후기까지 계속된 풍속으로 이 날이 되면 어전에서 왕이 자를 재상과 시종하는 신하들에게 나누어 주어 중화절 임을 알렸다. 이깔나무로 만든 이 자를 '중화척' 이라 하였다. 왕이 신하들에게 자를 나누어 주는 뜻은 농업에 힘쓰라는 것이며, 중국의 풍속을 본뜬 것이다.

중화절에는 노비송편을 만들어 크게는 손바닥만 하게 작게는 달걀 만하게 만들어 까만콩, 푸른 콩 혹은 팥의 속을 넣어 솔잎을 깔고 쪄냈다. 예전에는 이것을 종들에게 나이수대로 먹여 머슴들을 위로하였다 하여 속칭, 노비일(머슴날)이라고 하였다.

(5) 삼짇날

3월 3일은 봄을 즐기는 삼짇날이다. 들에 나가 진달래꽃을 따서 꽃술을 빼고 찹쌀가루를 반죽하여 꽃을 붙여 화전을 지져 먹었다. 진달래꽃은 녹두 녹말에 묻혀서 끓는 물에 살짝 익혀 건진 다음 오미자 우린 물에 꿀을 타서 잣을 띄워 진달래 화채를 만들어 먹기도 하였다. 궁중에서는 찹쌀가루를 반죽하여 진달래꽃을 얹어 전을 부쳐 먹으며 화전놀이를 했다.

삼짇날은 두견화전, 화면, 수면, 진달래화채, 향애단, 개피떡, 탕평채, 두견화주, 송순주 등을 만들어 먹었다.

(6) 한식

한식은 동지로부터 105일째 되는 날로 조상들의 성묘를 갔다. 이날에는 불을 피우지 않고 찬 음식을 먹는 풍습이 있다. 성묘 갈 때 조상묘 앞에 과(果-과실), 적(炙-구운 고기), 병(餠-떡), 포, 적, 식혜. 국수, 탕을 차려 놓고 한식 차례를 지냈다.

(7) 등석

4월 초파일 석가탄신일로 관등절(觀燈節은)이라고도 한다. 사월 초파일에는 집집마다 연등하고 손님을 초대하여 느티떡(유엽병), 미나리강회, 콩조림 등의 소찬으로 대접하였다.

등석절식은 국수비빔, 도미찜, 웅어회, 어채, 미나리강회, 녹두찰떡, 증편, 석이단자 등이 있다.

(8) 단오

오월 초닷새를 단오라 한다. 일년 중에 가장 양기가 왕성한 날이라 하여 큰 명절로 여겨왔다. 단오는 여름이 오기 전의 초여름의 절기로 모내기를 끝내고 풍년을 기원하기도 했다. 단오는 중종 13년(1518년)에 설날, 추석과 함께 3대 명절로 정해지기도 했다.

단오 음식은 수리취 절편(차륜병, 단오병)이 있다. 차륜병이란 절편을 만들 때 둥근 수레바퀴 모양의 떡살로 무늬를 찍어 만든 데서 연유했다. 수리란 고, 상, 신의 의미를 지닌 고

어로 수레(차)를 뜻한다.

단오음식으로 준치살과 쇠고기를 섞어 완자를 빚어 만든 준치만두가 있다. 이 밖에 도미찜, 도미면, 준치국, 어채, 앵두편, 앵두화채, 제호탕 등을 먹었다.

(9) 유두

음력 6월 보름을 유두날이라고 한다. 유두란 말은 동류두목욕(東流頭沐浴)의 준말이다. 유두면은 햇밀가루를 반죽하여 구슬같이 둥글게 모양을 빚어 만든 것이다. 거기에 오색의 물감을 들여 세 개를 이어 색실로 끼워서 차고 다니거나 문설주에 걸어서 액을 막기도 했다. 이 풍습이 밀국수로 바뀌었다. 그래서 유두날에 국수를 먹으면 장수한다는 말이 전해 내려오고 있다. 음력 6월 보름에 동으로 흐르는 물에 머리를 감고 재앙을 푼 다음 음식을 차려서 물놀이를 했다.

유두절식은 유두면, 편수, 밀쌈, 구절판, 보리수단, 상화병, 연병, 떡수단. 증편 등이 있다.

(10) 삼복

하지 후 셋째 경일을 초복, 넷째 경일을 중복, 입추 후 첫 경일을 말복이라 하며 이 셋을 통틀어 삼복이라 한다. 삼복기간은 가장 더운 절기로 땀을 많이 흘려 몸을 보신하기위한 음식을 즐겼다.

삼복 절식은 소고기를 넣고 끓인 육개장, 계삼탕, 임자수탕, 민어국 등이 있고, 칼국수를 닭국물에 끓인 백마장탕, 미역을 넣어 끓인 칼국수, 호박을 섞어 부친 밀전병, 암치지짐, 호박지짐 등이 있다.

계삼탕은 검은 영계, 오골계에 백삼, 황기, 대추 등을 넣어 푹 고아 만든 음식으로 베보자기에 짜서 복날마다 한 사발씩 마시면 더위에 지치지 않는다고 하는 복중의 필수 보양음식이다. 검은 영계가 없을 때에는 다른 것으로 대용하기도 한다.

(11) 칠석

음력 7월 7일을 칠석이라 하며 견우별과 직녀별이 만나는 날이다. 아낙네들은 마당에 바느질 차비와 음식을 차려놓고 길쌈과 바느질을 관장한다는 직녀에게 길쌈과 바느질을 잘하게 해주기를 기원하였다. 이 날은 집집마다 옷과 책을 볕에 쪼여 습기를 없애는 풍습이 있다.

칠석 절식은 밀전병, 증편, 밀국수를 먹고, 잉어와 넙치를 먹었고, 나물은 취, 고비를 먹으며 복숭아, 화채, 오이소박이 등을 먹었다.

(12) 백중

백중은 망혼일이라 하며 음력 7월 보름밤에 채소, 과일, 술, 밥 등을 차려놓고 죽은 어버이의 혼을 부르는 날이다.

절식으로는 두부, 순두부, 산채나물, 묵, 햇과일, 떡 등이 있다.

(13) 추석

음력 8월 15일 설과 함께 커다란 명절로서, 햇곡을 추수하여 떡을 빚고 밤, 대추, 감 등의 햇과일을 따서 선조께 다례를 지내고 성묘하는 날이다.

추석 음식은 오려송편, 토란탕, 화양적, 지짐누름적, 닭찜, 배숙, 율란, 조란, 밤초. 송이산적, 햇과일 등이 있다.

오려송편은 일찍 거둔 햅쌀을 빻아 익반죽하여 햇녹두, 청대콩, 깨 등을 속으로 넣어 송편을 빚은 떡이다.

(14) 중양절

음력 9월 9일 삼월 삼짇날에 온 제비가 다시 강남으로 떠나는 날이다.

중양절 음식은 국화전, 국화주, 도루묵찜, 신선로, 메밀만두, 밀만두, 갈비요리, 너비아니 등이 있고. 떡은 호박고지시루떡, 단자 등이 있다.

(15) 상달

음력 10월은 1년 중에서 가장 신성하고, 새로 난 곡식을 신에게 드리기에 가장 좋은 달이라 하여 무오일 또는 상달이라고 하며 속칭 '시월 상달'이라 한다.

예로부터 우리 한민족은 시월이면 제천의식을 거행하였는데 이것은 한해의 농사가 끝나 하늘에 추수감사제를 지낼 수 있는 달이기 때문이다. 10월 중에 말날은 햇곡으로 술을 빚고 시루떡을 만들어 마굿간에 놓고 말이 잘 크고 무병하기를 빌었다.

상달 음식으로는 신선로, 연포탕, 유자화채, 무시루떡, 팥시루떡 등이 있다.

(16) 동지

동지는 24절기 중에 대설과 소한 사이에 있으며 일년 중에 밤이 가장 길고 낮이 가장 짧은 날이다.

동지에는 팥죽을 쑨다. 팥죽에는 찹쌀가루로 둥글게 빚은 새알심을 나이대로 떠주었다. 팥죽은 귀신을 쫓는다 하여 장독내와 내문에 뿌리기도 했다. 또 '동지를 지니야 한 살 더 먹는다.', '동지죽을 먹어야 진짜 나이를 한 살 더 먹는다.'고 하였다.

동지 음식으로는 냉면, 동치미, 신선로, 장김치, 곶감, 수정과 등이 있다.

(17) 섣달그믐

음력으로 한 해의 마지막 날이다. 섣달그믐은 묵은 설이라 하여 저녁 식사를 미치고 어른들에게 묵은 세배를 한다. 이 날은 밤에 잠을 자지 않고 한 해를 지킨다는 뜻으로 밤을 새우는 풍습이 있는데 이것을 수세라 한다. 수세는 이전의 묵은 것을 없애고 새로운 것을 시작하는 환원의 의미가 있다.

보만두라 하여 만두 속에 작은 만두를 여러 게 집어넣어 만든다. 만둣국을 끓인 때 보만두가 들어 간 것을 먹는 사람이 복을 가져간다고 하였다.

그믐날 저녁에는 남은 음식을 해를 넘기지 않는다는 뜻으로 비빔밥을 만들어 먹었다.

5) 통과의례

(1) 백일

아기가 태어나기 전부터 순산을 바라며 쌀, 장곽(長藿), 정한수를 작은 상에 올려 놓고 정성을 다해 빌고, 아기가 태어나면 상에 올렸던 쌀과 미역으로 첫 국밥을 해서 산모에게 주었다. 대문에는 붉은 고추와 숯으로 엮은 금줄을 걸고 아기의 탄생을 알리고 외부 사람들의 출입을 막았다. 아기 출생 후 21일이 되면 금줄을 풀고 외부 사람의 출입을 허락하고 아기에게는 옷을 입혔다. 삼칠일 상에는 밥, 미역국, 백설기를 올리고 산모와 아기의 안녕을 축하하며 백설기를 나누어 먹었다.

아기가 태어나고 100일이 되면 아기의 건강을 기원하며 백설기, 찰수수경단, 오색송편을 상에 올렸다. 100의 숫자는 완전과 성숙을 의미하고, 백설기는 순수무구 함을 의미하고, 찰수수경단은 나쁜 액을 막는 의미이며, 오색송편은 오행, 오덕을 갖추어 만물과 조화를 이루기를 바라는 의미가 있다. 백설기는 칼로 자르지 않고 주걱으로 떼어서 먹었고, 백일떡은 100집이 나누어 먹어야 좋다고 하여 나누었으며 떡을 받으면 그릇을 씻지 않고 쌀, 실, 돈 등을 담아 돌려 보내는 풍습이 있었다.

(2) 돌

아기가 태어나고 만 1년이 되는 날은 아기의 성장을 축하하며 돌상을 차려 잔치를 하였다.

아기에게 돌빔을 만들어 입히고 남자 아기에게는 복권을 씌우고 여자 아기에게는 조바위를 씌워 돌상 앞에 앉히고 돌잡이를 하였다. 돌상에는 책, 붓, 활과 화살, 타래실, 돈 등을 올려 놓고 아기가 무엇을 잡는지 보면서 아기의 미래를 기원하였다. 돌상음식으로는 쌀밥, 미역국, 잡채, 푸른나물, 백설기, 찰수수경단, 오색송편 등이 차려 모인 사람들이 아기의 건강과 축복을 빌어 주었다.

(3) 책례

책례는 책거리라고도 한다. 서당에서 글을 배우며 책을 한권 마칠 때마다 축하와 격려의 의미로 책례를 하였다. 책례 음식은 오색송편, 경단, 인절미, 국수장국, 떡국 등이 차려져 스승과 친구들이 함께 나누어 먹었다.

(4) 혼례

혼례는 두 남녀의 결합 뿐 아니라 서로 다른 환경에서 자란 두 집안과의 조화를 치르는 의식이다. 혼례는 집안 간의 경사로 가족, 친지, 지인들이 모인 자리에서 서약을 하고 축복을 받는 큰 의식이다.

전통 혼례는 육례에 따라 행하였다.

- 혼담 : 청혼과 허혼을 한다.
- 납채 : 혼인을 결정하며 신랑의 사주를 보낸다.
- 납기 : 여자 집안에서 혼인날을 정하여 보낸다.
- 납폐 : 예물을 보낸다.
- 대례 : 여자 집에서 혼례를 한다.
- 우귀 : 신부가 시댁으로 들어온다.

봉채떡은 신랑 집에서 혼서와 예물을 함에 담아 보낼 때 신부 집에서 준비하는 음식이다. 찹쌀 3되와 붉은 팥 1되로 시루떡을 할 때 2켜로 만든다. 떡 위 중앙에 대추 7개를 돌려 담고 중앙에 밤을 올린다. 찹쌀은 부부간의 금술이 찰지기를 바라는 의미이고, 붉은 팥은 액을 막는 의미이다. 2켜로 떡을 만드는 것은 남녀 한 쌍을 의미하고 대추는 자손의 번창을 의미하며 밤은 재산을 의미한다.

혼인예식은 대례상 또는 동뢰상 또는 초례상이라고 하여 신부집 대청이나 마당에 차려지는데 달떡, 흰쌀, 콩, 각종 과일, 한 쌍의 닭, 한 쌍의 촛대가 차려진다.

혼인예식이 끝나면 신부가 시어른과 시댁 친척에게 첫인사를 드리는 폐백 예절이 이어진다.

혼인을 치른 신랑 신부를 축하하기 위해 큰상이 차려 지는데 여러 가지 음식을 높이 고여 차려지게 된다. 큰상과 함께 입맷상이 차려지는데 신란 신부는 입맷상의 음식을 먹고, 큰상은 모든 의식이 끝나면 헐어서 여러 사람에게 고루 나누어 준다.

(5) 회갑(回甲)

부모가 만 59세가 되면 육순이라 하고, 만 60세가 되면 회갑(환갑)이라 하여 큰상차림을 하여 성대한 연회를 한다. 진갑은 만 60세를 넘기면 다시 한 살이 된다는 뜻으로 예전에는 60세의 나이를 넘기지 못한 경우가 많았다.

회갑연은 혼례 때와 같이 큰상차림을 하여 음식을 높이 괴이고 자손으로부터 잔을 받았다. 고임상에는 밥과 국을 올리지 않고 입맷상을 따로 차렸다. 고임상은 잔치를 하고 헐어서 사람들에게 나누어 주었다.

큰상차림 음식은 다음과 같다.

유밀과, 강정, 다식, 당속(옥춘), 생실과(사과, 배, 감, 귤, 생률 등), 견과류, 정과류, 편(떡), 어물(문어오림, 어포, 육포, 마른 전복 등), 편육(양지머리 편육, 제육 편육, 족편 등), 초(炒), 적(炙)전, 적, 식혜, 수정과, 술 등이 차려진다.

(6) 회혼례

회혼례는 남녀가 혼인하여 60년을 해로한 것을 기념하여 신랑 신부 때처럼 옷을 입고 잔칫상도 혼례와 같이 큰상(고배상)차림을 한다. 이때에는 자손들이 차례대로 헌주를 하고 잔치를 베푼다.

결혼 30주년은 진주혼(眞珠婚), 35주년은 산호혼(珊瑚婚), 40주년은 녹옥혼(綠玉婚), 45주년은 홍옥혼(紅玉婚), 50주년은 금혼(禁婚), 60주년은 회혼(回婚) 또는 금강석혼(金剛石婚) 이라 한다.

(7) 상례 · 제례

상례는 부모가 운명하면 주검을 맞이하고 마무리 할 때가지 엄숙하고 경건하게 의식을 진행하는 절차를 말한다. 제사는 고인의 기일 전날 지내는데 생전에 놓던 상차림과는 반대로 차려진다. 제사는 소상(小祥), 대상(大祥), 기제사(忌祭祀), 시제(時祭) 등의 종류에 따라 집집마다 제물과 진설법이 다르다.

제례는 조상을 추모하며 올리는 의식이다. 제례상에 올리는 음식을 제수라 하여 메(밥), 갱(국), 탕, 적(구이), 전, 포, 나물, 편, 식혜, 한과. 과일, 물김치 등을 차린다.

5. 한국음식의 종류

1) 주식류

(1) 밥

밥은 가장 대표적인 주식으로 여러 가지 곡물에 물을 붓고 익힌 음식이다. 밥은 먹는 사람에 따라 수라, 진지, 메 등으로 불린다. 밥은 쌀이 가장 많이 이용되고 보리, 수수, 조를 비롯하여 콩, 팥을 넣기도 하고 고구마, 감자, 옥수수 등을 넣기도 한다. 그 외에도 다양한 나물류, 수조육류, 어패류를 넣어 밥을 짓기도 한다. 들어가는 재료에 따라 물의 량이 다소 차이가 생기기도 하고 솥의 종류와 땔감에 따라 밥맛이 달라지기도 한다. 밥맛은 쌀과 물의 양, 쌀의 종류, 밥 하는 시간, 부재료의 수분 함량에 따라 달라질 수 있다.

(2) 죽(粥)

죽은 주식 중에 가장 오래 전부터 먹어 온 음식으로 곡류가 퍼지고 녹말이 충분히 호화되어 소화되기 쉬운 상태로 무르게 익은 유동식의 총칭이다.

죽은 곡류에 여러 가지 재료를 섞어 다양한 약리성분이 있는 약재를 넣고 쑤어 치료에 도움이 되도록 하기도 했다. 죽은 주식일 뿐 아니라 별미식, 치료식, 보양식 등으로 먹었다.

죽은 곡물에 5-6배의 물을 붓고 은근한 불에 오랫동안 끓여 익힌 음식으로 죽, 응이, 미음 등이 있다. 죽은 물을 부어 뭉근히 끓인 것이고, 응이는 곡물에서 전분을 만들어 그 전분 가루에 물을 부어 끓여 묽게 만든 음식이다. 미음은 곡물에 물을 충분히 부어 뭉근히 끓인 다음 고운 체에 받쳐 건더기가 없게 만든 대표적인 유동식이다.

죽은 온근죽, 원미죽, 무리죽이 있다.

옹근죽은 곡물을 물에 불려 물을 넉넉히 넣고 끓인 음식이다.

원미죽은 곡물을 굵게 갈아 물을 넉넉히 넣고 끓인 음식이다.

무리죽은 곡물을 완전히 곱게 갈아 물을 넉넉히 넣고 끓인 음식이다.

미음은 곡물에 10배 이상의 물을 넣고 푹 고아 체에 밭친 것으로 죽 보다 묽게 끓인 음식이다.

응이는 의이라고도 하며 곡물의 전분 가루에 물을 풀어 끓인 음식이다.

(3) 면류

국수는 전분의 종류에 따라 밀가루, 메밀가루, 녹말가루, 칡가루 등 다양한 곡류에 물을 넣고 반죽하여 얇게 밀어 가늘게 썰어 만든 음식이다. 국수는 뜨거운 국물에 먹는 온면과 차가운 국물에 먹는 냉면이 있다. 국수는 일상식으로 애용되어 오기도 했지만 잔칫날 국수를 길게 뽑는 것은 장수를 바라는 의미로 빠지지 않는 음식이 되었다. 국수는 잔치 때는 손님 접대 음식으로 평상시에는 별미음식으로 먹은 음식이다.

수제비는 밀가루, 메밀가루, 도토리가루 등에 물을 넣고 반죽하여 손으로 얇게 떼어 장국에 넣어 끓인 음식이다. 장국은 쇠고기, 멸치, 다시마, 조개 등으로 만들고 김치, 감자, 애호박 등의 채소를 넣기도 한다.

만두는 밀가루나 메밀가루 등으로 만두피를 만들어 기호에 따라 육류, 어패류, 채소류, 버섯류 등으로 만두소를 만들어 넣고 빚은 음식이다. 만두소는 김치를 넣어 만들기도 하고 만두피를 생선살로 만들기도 한다.

(4) 떡국

떡국은 멥쌀가루를 쪄서 가래떡 모양을 만든 후 어슷하게 동전 모양으로 썰어 장국에 끓여 먹은 음식이다. 새해 첫날 떡국을 끓여 먹음으로 나이를 한 살 더 먹었다고 하여 첨세병이라고도 했다. 개성지방에서는 가운데가 잘록한 모양의 조랭이 떡국을 만들어 먹고, 충청도 지방에서는 생쌀가루를 반죽하여 떡국모양으로 썰어 장국에 익혀 먹는 생떡국이 있다.

2) 부식류

(1) 국

국은 갱, 탕이라 부르기도 하고 곰국과 맑은장국, 토장국, 냉국 등이 있다. 곰국은 육류 등을 이용하여 물을 넉넉히 붓고 오랜 시간 끓여 낸 것이고, 맑은 장국은 육류나 어패류 등을 맑게 끓여 청장이나 소금으로 간하여 끓인 국이다. 토장국은 쌀뜨물이나 육수에 고추장이나 된장을 풀고 채소 등의 재료를 넣고 끓인 국이다. 냉국은 주로 여름에 시원하게 먹는 국으로 차게 만들어 입맛을 돋우는 음식으로 오이미역냉국, 임자수탕 등이 있다.

(2) 찌개

찌개는 국보다 국물이 적으며 건더기는 국보다 많고 간은 국보다 세게 한 음식이다. 찌개는 소금이나 새우젓으로 간을 한 맑은 찌개와 고추장, 된장 등을 넣어 끓인 토장찌개가 있다. 찌개보다 고추장이나 된장을 더 넣고 진한 농도로 끓여 국물이 적은 감정이 있다. 찌개는 재료에 따라 고추장찌개, 된장찌개, 청국장찌개, 젓국찌개, 김치찌개, 생선찌개, 두부찌개, 비지찌개, 순두부찌개, 게감정, 병어감정, 오이감정 등이 있다.

(3) 전골

전골은 양반가나 궁중에서 많이 먹었던 음식으로 육류, 채소, 버섯 등 여러 가지 재료를 넣고 육수에 간을 하여 끓인 음식이다. 주안상이나 격식 있는 상차림에 올라갔던 음식으로 재료가 다양하게 들어가서 화려하고 영양소가 골고루 들어간 음식이다. 전골은 육수를 맛있게 끓여 오래 끓이지 않으며 국물을 더 부어 가며 먹는 음식이다. 전골의 대표적인 것은 신선로이다. 신선로는 열구자탕 이라고도 한다. 전골에는 쇠고기전골, 낙지전골, 두부전골, 버섯전골 등이 있다.

(4) 찜

찜은 재료에 양념하여 고명을 얹고 찜통에 쪄서 만든 것과 냄비에 양념을 넣고 국물이 거의 없도록 졸이기도 하는 음식이다. 찜은 재료의 형태가 그대로 있고 영양소 파괴가 적은 대표적인 음식이다. 찜의 재료는 육류, 어패류, 채소류 등을 다양하게 이용할 수 있다. 찜은 갈비찜, 사태찜, 꼬리찜, 닭찜, 알찜, 북어찜, 도미찜, 대하찜, 전복찜, 가지찜 등이 있다.

(5) 선

선은 재료가 좋은 것이라는 의미가 있고 재료 본래의 맛과 색을 맛 볼 수 있는 음식이다. 재료 사이에 여러 가지 부재료를 넣고 육수를 조금 넣어 끓이거나 찜통에 넣고 찐 음식이다. 선에는 어선, 두부선, 오이선, 호박선, 가지선 등이 있다.

(6) 생채 · 숙채

생채는 계절마다 나오는 채소류를 익히지 않고 소금, 간장, 고추장, 된장 등에 무쳐서 먹는 음식이다. 생채는 재료 본연의 맛을 가장 잘 살리고 영양분의 손실도 가장 적은 조리법이다.

숙채는 채소류를 끓는 물에 데쳐서 소금, 간장, 고추장, 된장, 젓갈 등에 무치는 음식이다. 나물이라고도 하며 기름을 넣고 볶아서 조리하기도 한다.

생채에는 무생채, 도라지생채, 더덕생채, 오이생채, 달래생채 등이 있다.

숙채는 콩나물, 무나물, 숙주나물, 도라지나물, 가지나물, 냉이나물 등이 있다.

(7) 구이

구이는 육류, 어패류, 채소류 등을 그대로 굽거나 잘라서 굽는 음식이다. 재료 자체를 그대로 석쇠를 이용하여 굽거나 양념을 하여 굽기도 한다. 석쇠를 사용하여 구울 때에는 양념을 하기 전에 애벌구이를 하고 다시 양념을 해서 굽기도 한다. 애벌구이를 하는 것은 양념이 타는 것을 방지하기 위함이다. 구이는 가장 오래 된 조리법 중의 하나로 우리 조상들은 오래 전부터 구기를 양념하여 구워 '맥적'을 먹기도 하였다.

구이로는 너비아니, 제육구이, 생선구이, 대합구이, 낙지호롱 등이 있다.

(8) 전 · 적

전은 육류, 어패류, 채소류, 버섯류 등을 손질하여 양념한 후에 밀가루, 달걀을 입혀 기름을 두르고 지진 음식이다. 전은 궁중에서는 전유화로 불리기도 하고 전유어, 저냐 등으로 불리기도 한다. 전에는 육전, 생선전, 버섯전, 풋고추전, 완자전 등이 있다.

적은 산적, 누름적, 지짐누름적이 있다. 적은 재료를 손질하여 양념하고 꼬치에 끼워 굽거나 지지는 음식이다. 본래는 불에 굽는 것을 적이라 했는데, 의미가 점차 변하여 꼬치에 끼운 음식을 뜻하게 되었다. 재료에 양념하여 꼬치에 꿰어 굽는 산적이 있고, 재료를 양념하여 익힌 후 꼬치에 꿰어 만든 누름적이 있다. 또 지짐누름적은 재료를 양념하여 꼬치에 꿴 후 밀가루, 달걀물을 입혀 지진음식이다.

(9) 조림 · 초 · 볶음

조림은 육류, 어패류, 채소류, 두부 등을 큼직하게 썰어 간장이나 고추장으로 간을 넣고 간이 서서히 스며들도록 익힌 음식이다. 간을 세게 하여 저장 기간을 길게 하여 밑반찬으로 먹기도 하였다.

초는 간장 양념하여 녹말물을 넣고 약한 불에서 끓여 윤기나게 조리는 음식이다. 간이 조림보다 약하고 단맛이 나며 국물이 걸쭉해 지는 것이 특징이다. 초에는 전복초, 해삼초, 홍합초 등이 있다.

볶음은 육류, 어패류, 채소류 등을 손질하여 기름에 볶다가 양념하는 음식이다. 양념은 재료에 따라 조화를 맞춰 소금, 간장, 고추장, 고춧가루로 양념한다.

(10) 회 · 편육 · 족편

회는 육류나 어패류, 채소류를 깨끗이 손질하여 생으로 먹거나 살짝 데쳐서 먹는 음식이다. 생으로 먹는 것은 '회'라 하고 익혀 먹는 것은 '숙회'라 한다.

회는 날것을 양념장이나 소금, 초고추장과 함께 먹는 것으로 육회, 홍어회, 어회, 간, 천엽, 해삼, 멍게, 굴 등이 있다. 숙회는 오징어숙회, 미나리강회, 실파강회, 두릅회 등이 있다.

편육은 쇠고기나 돼지고기를 통으로 삶아 얇게 썰은 음식을 말한다. 소고기, 돼지고기, 소족, 돼지족, 부아, 지라, 우설, 우랑, 유통 등 소 부산물을 삶아 먹는다. 소머리는 푹 삶아 뼈를 말라 고기만 베보자기에 싸서 무거운 도마로 눌러 편편하게 굳힌 후 얇게 썰어 먹기도 한다. 제육은 삶아 썰어서 새우젓 양념과 함께 먹으면 소화도 잘 되고 느끼하지 않다.

족편은 쇠머리나 쇠족을 오랜 시간 고아 양념한 뒤 편편한 그릇에 담아 석이버섯, 달걀지단, 실고추, 잣 등을 채 썰어 고명으로 얹어서 굳힌 것을 말한다.

(11) 마른 찬

마른찬은 육류, 채소류, 어패류, 해조류 등을 오래 두고 먹을 수 있게 소금, 간장, 고추장, 된장 등에 양념하여 말리거나 졸여먹는 음식이다. 날것을 그대로 말리기도 하고 양념에 재웠다가 말리기도 한다. 마른 찬에는 어패류를 염장하여 말리는 자반이 있고, 고기를 양념하여 말린 육포, 어포가 있다. 다진 고기에 양념하여 대추처럼 말린 대추포, 동글 납작하게 빚어 잣을 박아 말린 칠보편포가 있다. 부각은 채소류나 해조류에 찹쌀 풀을 해서 말렸다가 튀긴 것으로 김부각, 고추부각이 대표적이다.

(12) 장아찌

장아찌는 어패류, 해조류, 채소류 등을 간장, 고추장, 된장, 젓갈, 식초 등에 담가 저장하여 발효시킨 음식이다. 장아찌는 절이는 방법에 따라 절임장아찌와 익혀서 만든 숙장아찌가 있다. 숙장아찌는 장아찌가 떨어졌을 때 급하게 만들어 먹던 음식으로 오이갑장과와 무갑장과가 있다. 장아찌에는 마늘장아찌, 마늘종장아찌, 무말랭이장아찌, 고추장아찌, 참외장아찌, 오이장아찌, 더덕장아찌, 깻잎장아찌 등이 있다.

(13) 김치

김치는 채소를 소금에 절여 젓갈 등을 넣고 양념하여 발효시킨 음식이다. 한국의 대표적인 저장 발효 음식으로 가장 기본이 되는 찬류이다. 사계절마다 그 시기에 나는 채소로 다양한 김치를 담아 먹고, 겨울에는 긴 추위를 이겨낼 수 있도록 많은 량의 김장김치를 하여 비타민, 칼슘, 유기산을 보충하기도 하였다. 김치는 주재료에 따라 배추김치, 무김치, 나물류 김치, 어패류 김치, 해조류 김치, 물김치, 장김치 등이 있다.

3) 후식류

(1) 떡

나눔과 축제의 음식으로 명절, 생일, 제사, 사람이 모이는 곳이면 빠지지 않고 등장하는 것이 바로 떡이다. 떡은 평상시에 즐겨 먹기도 하고 국가나 집안의 대소사가 있는 행사 음식으로 많이 먹은 음식이다.

떡은 곡식을 가루 내어 찌거나 삶거나 기름에 지져서 만든 음식이다.

떡의 어원은 '찌다'라는 동사가 명사가 되어 찌기-떼기-떠기-떡으로 변화된 것이다.

떡의 한자어는 고(餻), 이(餌), 자(瓷), 편(片), 편(鯿), 병이(餠餌), 탁(飥) 등이 있는데 흔히 병(餠)이라고 한다.

떡이라는 글자가 문헌상에 나타난 조리서는 한글 조리서인 "규곤시의방(음식디미방)"에 떡을 편이라 하였고, 떡이란 호칭은 '규합총서'에 나타난다.

떡의 발달과정은 정확하게 밝혀지지는 않았지만 청동기시대 시대의 유적지인 나진초도 패총 및 삼국시대의 고분에서 시루가 발견되고 고구려 고분 벽화에 남아 있는 그림에 떡을 찔 때 사용하는 시루가 등장한다. 이러한 사실로 볼 때 이미 그 이전부터 떡은 상용화 되었을 것으로 볼 수 있다. 그리고 삼국시대에 이르러 벼농사가 자리 잡으며 떡이 발달한 것으로 본다. 고려시대에 들어서며 떡이 발달하여 종류가 더 많아지기 시작하고, 조선시대에는 한글조리서의 등장과 함께 떡의 전성기라고 할 수 있다.

떡의 종류는 만드는 조리법에 따라 네 가지로 나눌 수 있다.

① 찌는 떡

가장 오래 전부터 만들어 왔던 떡이 찌는 떡이라 할 수 있다. 가장 기본이 되는 떡으로 쌀가루에 물을 주어 찜기에 쪄 낸 떡이다. 멥쌀가루나 찹쌀가루를 찌기도 하고, 그 외 곡류인 서속기장, 조 등을 찌기도 하고 섞어서 쓰기도 한다. 또한 떡은 들어가는 재료에 따라 다양한 이름으로 불린다. 멥쌀가루로 찌는 떡에는 백설기, 백편, 각색편, 승검초편, 쑥설기, 수리취떡, 느티떡, 승검초편, 녹두편, 물호박떡. 시루떡, 팥시루떡, 무지개떡, 상추떡, 잡과병, 두텁떡 등이 있다.

찹쌀떡에는 찰편, 콩찰편, 녹두찰편, 거피팥찰편, 팥찰시루떡 등이 있다.

주재료에 섞어 쓰는 부재료는 두류, 견과류, 과일류, 약이성 초본류, 버섯류, 채소 및 향신료 등을 사용한다.

감미료는 꿀, 설탕, 조청 등을 넣는다.

고물은 콩, 팥, 깨, 녹두 등의 껍질을 벗겨 사용하기도 하고 그대로 사용하기도 한다.

② 치는 떡

치는 떡은 도병이라고 한다. 쌀알이나 가루를 시루에 찐 다음 안반이나 절구에 쳐서 만든 떡이다. 주재료는 멥쌀이나 찹쌀인데 멥쌀도병, 찹쌀도병이 있다. 멥쌀도병으로는 절편, 흰가래떡, 개피떡 등이 있고 찹쌀도병으로는 인절미가 있다.

③ 삶는 떡

곡식가루에 물을 넣고 반죽하여 성형 한 다음 끓는 물에 삶는 떡이다.

경단은 곡식가루에 물을 넣고 반죽하여 성형 한 다음 끓는 물에 삶은 후 고물을 묻히는 떡이다. 경단은 소를 넣기도 하고 넣지 않고 만들기도 한다.

④ 지지는 떡

찹쌀, 수수 등 곡식가루를 물로 반죽하여 성형한 후 기름에 지지는 떡이다. 주악, 화전, 부꾸미, 곤떡 등이 있다.

기타 떡류로는 곡식가루를 반죽하여 성형 한 후 찜기에 김을 올려 찌는 송편류처럼 빚어 찌는 떡이 있다. 현대에 들어와서 퓨전떡이 다양하게 만들어지며 떡을 만드는 방법도 점차 다양해지고 있다.

약식(약반)은 약이 되는 음식이라는 뜻으로 찹쌀을 불려 찜기에 쪄서 간장, 꿀, 참기름, 견과류를 섞어 다시 찐 음식이다. "삼국유사"에는 신라 재위 10년에 까마귀가 소지왕의 목숨을 구해준 은혜에 보답하는 뜻으로 까마귀가 좋아하는 대추와 밤으로 약식을 지어 까마

귀에게 먹도록 했다는 설화가 전해진다.

[떡의 종류]

떡의 종류	떡의 명칭
찌는떡	백설기, 구선왕도고, 서속떡, 각색편, 잡과병, 상주설기, 물호박떡, 무시루떡, 상추떡, 감고지떡, 찰옥수수시루떡, 율고, 석탄병, 복령떡, 귤병편, 약편, 느티떡, 호박편, 신과병, 모시잎떡, 깻잎떡, 모듬백이, 녹두찰편, 구름떡, 송편, 부편, 약식, 증편, 방울증편
치는떡	절편, 가래떡, 개피떡, 여주산병, 고치떡, 쑥굴레, 달떡, 좁쌀떡, 꽃산병, 감자찰떡, 골무떡, 꽃절편, 호박단자, 감단자, 해장떡, 감떡, 인절미
삶는떡	각색경단, 굳물경단, 오메기떡, 두텁단자, 율무단자, 차수수경단, 잣구리, 도향병, 꼬장떡, 오그랑떡, 닭알떡,
지지는떡	진달래화전, 장미화전, 국화전, 꽃전, 주악, 부꾸미, 산승, 메밀전병, 총떡, 곤떡, 섭산산병, 찰부꾸미, 노티떡, 잡곡부치개, 토란병, 빙떡, 개성우메기, 서여향병

(2) 한과

우리나라의 전통과자는 '과즐' 또는 '과정류'라 불렀다. 요즘은 외국의 과자와 구분하기 위하여, 중국의 '한과(漢菓)'라는 말과 다르게 우리나라의 한과(韓菓)라는 말로 부르고 있다.

과즐의 기원은 과일이 생산되지 않는 계절에 과일 모양을 본떠서 만들었다고 전해진다. 그래서 '조과(造菓)'라고 부르기도 하였다. 과(菓)란 말은 '삼국유사' 가락국기 수로왕조 제수에 과(菓)라는 말이 나온다. 통일신라시대에 불교가 융성하며 음다풍속으로 차와 함께 과정류가 만들어졌다. 고려시대에는 불교가 더욱 융성하여 다식과 유밀과가 성행하였다. 고려 충렬왕 22년에 몽고의 공주를 왕비로 맞이하는 잔칫상에 올렸다는 기록이 있는 것으로 보아 고급스런 음식임을 알 수 있다.

왕실과 귀족들을 중심으로 다양한 상차림에 과즐이 만들어지게 되면서 나라에서는 과즐

금지령을 내리기도 할 정도로 사랑받는 음식이었다. 명종 때에 유밀과의 재료인 기름과 꿀이 품귀현상이 일어나며 유밀과 금지령이 내려지고 공민왕도 유밀과 금지령을 내렸다. 유밀과는 지금의 약과로 여러 가지 모양으로 만들어 기름에 지진 한과이다.

조선시대에 와서 상차림이 발달하며 과즐은 떡과 함께 중요한 음식 중 하나로 자리 잡았다. 우리 고유의 음식인 한과의 종류는 다양하다. 유밀과, 유과, 다식, 숙실과, 정과류, 과편, 엿강정 등을 말한다.

① 유밀과

유밀과는 밀가루나 곡물가루에 참기름과 꿀을 넣어 기름에 튀겨낸 과자이다. 유밀과는 한과 중 가장 대표적인 것으로 사치스러운 한과로 알려진다. 유밀과의 대표적인 과자인 약과는 크기에 따라 대약과, 소약과 등이 있으며 모양에 따라 모약과, 다식과, 만두과, 연약과, 매작과, 차수과 등이 있다. 약과는 고려시대부터 제사음식으로 오르는 중요한 한과 중에 하나이며 중국에서도 인기가 있어 '고려병'으로 알려질 정도이다. 고려시대에는 자연의 모양을 본떠서 새 모양, 붕어 모양, 과실 모양을 많이 사용했으며 조선시대에는 사각모양, 국화모양 등이 있었다. 사각모양을 모약과라 하여 높이 올리는 고임상에 사용되기도 했다.

유밀과 중 박계류는 밀가루에 소금을 넣고 반죽하여 모양을 낸 후 높은 온도에서 지져 낸 중박계, 대박계 등이 있어서 제사음식에 사용했다.

② 유과

유과는 강정류라고도 하는데 가볍게 부서지며 입에 들어가면 사르르 녹는 맛이 으뜸이다. 유과는 찹쌀가루로 떡을 하여 말려서 기름에 튀겨 고물을 묻힌 과자를 말한다.

강정류는 찹쌀가루에 술과 콩물을 넣고 반죽하여 쪄서 말렸다가 기름에 지져 고물을 묻힌 한과이다.

강정류는 "음식지미방(1670년)"에 만드는 방법이 나와 있는데 반죽을 쪄서 꽈리가 일도록 쳐서 말리라고 나와 있다.

"성호사설(1763년경)"에 강정이 나와 있고, "규합총서(1815년)"에는 매화산자가 기록되어 있다.

"열왕세시기(1819년)"에는 제사를 드리는데 있어서 강정이 으뜸이라고 기록하고 있다.

"동국세시기(1849년)"에는 '강정은 설날과 봄철에 인가의 제물로 '실과행례'에 들며, 세찬으로 손님을 접대할 때는 없어서는 안 될 음식이다.'라고 기록되어 있다.

강정류에는 강정류와 산자류가 있다. 강정류는 모양에 따라 밥풀산자, 세반산자, 매화산자, 연사과, 빈사과, 감사과 등이 있다.

강정류는 고물에 따라 깨강정, 흑임자강정, 계피강정, 송화강정, 승검초강정, 잣강정, 콩강정 등이 있다.

③ 다식류

다식은 볶은 곡물가루나 송화가루에 꿀을 넣고 반죽하여 다식판에 박아 낸 한과이다.

다식은 기본재료에 따라 콩다식, 쌀다식, 송화다식, 황률가루로 만든 황률다식, 밀가루를 볶아서 만든 진말다식, 검은 깨로 만든 흑임자다식, 녹두녹말로 만든 녹말다식 등 종류가 다양하다.

다식은 재료 그대로의 맛과 꿀의 단맛이 어우러져 조화로운 맛을 내고 있으며 잔칫상이나 제사상에 빠지지 않고 오른다. 또한 다양한 문양의 다식판이 있어 꽃문양, 창살무늬, 복을 비는 글자 문양 등의 다양한 모양의 다식이 있다.

④ 숙실과류

숙실과는 과실을 익혀서 다시 과실 모양으로 만든 것이다.

숙실과는 과실이나 열매를 그대로 익혀 꿀에 졸인 것으로 초(炒)와 란(卵)으로 나눌 수 있다. 초(炒)는 과실이나 열매를 통째로 익혀 모양을 그대로 살려 꿀이나 설탕에 졸인 것으로 밤초, 대추초가 있다.

란(卵)은 과실이나 열매를 삶아 익혀 잘게 다지거나 으깬 뒤 꿀이나 설탕에 되직하게 졸여 다시 원래의 모양과 비슷하게 만든 것으로 생란, 율란, 조란 등이 있다.

⑤ 정과류

정과는 과실이나 채소에 설탕이나 꿀을 넣고 조린 것이다.

정과는 과일이나 채소 등의 뿌리, 열매, 줄기를 데쳐 설탕, 꿀, 조청을 넣고 조려서 꾸득꾸득 말린 것으로 달고 쫄깃한 맛이 일품이다. 정과는 저장해 두고 먹을 수 있어 명절이나 잔칫상에 어울리는 음식이다. 또한 차와 함께 먹기에 좋아 즐겨 먹어 왔던 음식이다.

정과에는 연근정과, 무정과, 당근정과, 감자정과, 수삼정과, 생강정과, 모과정과, 귤정과, 사과정과 등 이용할 수 있는 재료가 많이 있다.

⑥ 과편류

과편은 과실이나 열매를 삶아 녹말가루, 설탕, 꿀을 넣고 조려 묵처럼 굳힌 것이다.

과편은 제철과일에 식물성 전분을 이용하여 은근한 불에 조려 걸쭉하게 되면 틀에 담아 차갑게 식힌 음식이다. 과일의 맑고 투명한 색이 아름답고 쫀득한 맛이 좋은 음식으로 딸기, 복숭아, 살구, 앵두, 자두, 포도, 오미자, 복분자 등을 이용하여 만들 수 있다.

⑦ 엿강정류

엿강정은 견과류나 콩, 깨 등을 볶아서 조청이나 꿀에 버무려 만든 한과이다.

엿강정류에 사용되는 조청은 곡류를 엿기름으로 당화시켜 약한 불에서 진한농도가 될 때까지 오랜 시간 고아서 만든 것으로 질감이 부드럽고 은근한 맛이 나며 단맛이 좋다. 이렇게 만들어진 조청으로 엿을 만들기도 하고 한과류나 반찬을 만들 때 사용하여왔다. 엿은 조청을 되직한 농도가 날 때까지 고아서 식혀 딱딱하게 굳힌 것으로 생강, 호박 등의 재료를 이용하여 만들어 먹었다.

(3) 음청류

우리나라는 산이 많고 계곡의 물이 맑아 물맛이 좋은 나라이다. 삼국시대부터 고려시대에 걸쳐 불교의 영향으로 음다문화가 발달하였는데 왕족과 귀족들을 통해 유행이 되었고 백성들은 숭늉과 물을 마셨다. 조선시대에 와서는 불교가 배척되면서 차 문화가 쇠퇴하고 다양한 음청류가 발달하는 계기가 되었다.

우리의 고유한 음료는 화채, 밀수, 식혜, 수정과, 탕, 장, 차, 갈수, 숙수, 즙, 우유 등이 있다. 시원하게 먹는 음청류로는 식혜, 수정과, 배숙, 유자화채, 오미자화채, 원소병, 떡수단 등이 있다.

"삼국유사, 가락국기"에 '수로왕이 왕후를 맞이할 때 신하들과 노비에게 음료를 하사하였다.'는 기록이 있는 것으로 볼 때 삼국시대 이전부터 음료를 마셔온 것으로 볼 수 있다.

"삼국사기"에는 우리나라에 차를 처음 들여온 사람은 신라 흥덕왕 3년 겨울 당나라에 사신으로 갔던 김대렴이 차 종자를 가져왔다고 기록되어 있다. 김대겸은 차의 종자를 왕의 명으로 지라산에 심었다. 선덕여왕 때부터 차를 마시기는 했으나 차나무가 퍼지게 되면서 성행하였다고 볼 수 있다.

고려시대에는 차 문화가 더욱 발전하여 국가의 큰 행사인 연등회, 팔관회 등 제례 뿐 아니라 크고 작은 연회나 외국에서 사신이 왔을 때 반드시 차를 올렸다. 또한 차를 관장하는 '다방(茶房)'과 차를 재배하는 '다촌(茶村)'이 있었다는 것은 차 문화가 얼마나 성행하였는지 알 수 있다.

조선시대에는 숭유억불정책으로 차를 마시는 풍속이 사라지고 승려나 일부 양반층에서만 마시게 되었다. 녹차 대신 국화차, 감잎차, 모과차 등의 대용차 또는 식혜, 수정과, 화채 등의 음료가 자리를 대신하게 되었다. 승려들이 산 속으로 자리 잡으며 차 문화는 쇠퇴하였다. 그러나 조선시대 말에 초이선사가 '동다송(東茶)'을 지어 우리 차의 우수성과 함께 차 문화를 정립하게 되었다.

"동의보감"에는 향이성 재료를 이용한 차가 소개되고 있는데 제호탕, 생맥산, 쌍화탕, 사물탕 등의 음료가 기록되어 있다.

"시의전서"에는 여러 가지 화채가 나와 있는데 자세하게 조리법까지 기록되어 있다. 앵두화채, 복숭아화채, 복분자화채, 장미화채, 두견화채 등이 나와 있어 화채가 일반적인 음료로 대중화 되어 있음을 알 수 있다.

"임원십육지"에는 장(漿), 두즙(豆汁), 갈수(渴水), 숙수(熟水), 탕(湯), 차(茶) 등으로 음료를 분류하여 기록되어 있다.

"동국세시기(1849년)"에 곶감 삶은 물에 새앙, 잣을 함께 넣은 음료로 수정과에 대한 기록이 나온다.

숙수에 대한 기록은 유중림의 "증보산림경제(1766)"에 '숙수란 향약초를 달여서 만든 것으로 송나라 사람이 즐겨 마시던 것이다. 우리나라에서는 밥을 지은 뒤 솥바닥에 눌어붙은 밥에 물을 붓고 끓인 것을 숙수(숭늉)라 한다. 이름은 같고 실물은 다르다.'고 기록되어 있다. 농경을 주로 했던 서민들은 밥을 하고 난 후 누룽지에 물을 부어 구수하게 끓여 마시는 숭늉을 일상적으로 먹어 왔다.

6. 한국음식의 식재료

우리나라는 밥을 주식으로 하고 부식으로 국, 찌개, 찬류, 김치 등을 상에 올려 먹는 상차림을 하고 있다. 사계절이 뚜렷하고 지방마다 생산되는 산물을 이용하여 주식과 부식이 만들어 진다. 또한 식재료를 저장하여 발효음식을 만들어 먹어 왔다. 한국음식은 식물성 식재료와 동물성 식재료의 배합이 건강에 이롭게 조화를 이룬다. 자연에서 얻은 식재료를 이용하여 약식동원의 개념으로 재료 자체의 맛을 살려 조미료와 향신료를 사용하였다.

1) 식재료

(1) 곡류

우리나라는 신석기시대부터 기장, 조, 수수 등을 먹은 것으로 추정되고, 백제의 유적지에서 쌀이 출토 되어 그 이전부터 쌀을 먹은 것으로 추정할 수 있다. 농경생활을 주로 하며 쌀 이외에도 보리, 수수, 율무, 조, 메밀, 귀리, 밀, 녹두, 옥수수 등을 이용한 음식이 발달하였다.

쌀은 가장 중요한 곡류이다. 쌀은 도정의 정도에 따라 현미와 백미로 나눈다. B.C 5~6세기 경에 겉보리가 출토되고 '삼국사기의 고구려와 신라편'에 보리에 대한 기록이 나온다. 보리는 단백질이 풍부하고 식이섬유가 다량 함유되어 있다. 메밀은 영양성분이 균일하게 분포되어 있어 제분 해도 영양 손실이 적은 곡식이다. 옥수수의 최대 생산국은 미국으로 탄수화물이 주로 전분이며 약간의 당이 있다. 엽산, 칼륨, 티아민이 있고 식이섬유를 다량 포함하고 있다.

(2) 두류

두류는 중요한 식량 중의 하나이다. 두류는 많은 양의 단백질을 함유하고 있지만 불완전단백질로 필수아미노산이 결핍되어 있다. 두류의 대표적인 것은 콩으로 우리나라와 만주가 원산지이다. 콩은 밥을 할 때 섞어 먹기도 하고 떡의 고물로도 쓰인다. 또한 두부를 만들거나 콩국물을 만들어 먹기도 한다. 콩은 메주의 주원료이고 간장, 된장을 만드는 중요한 식재료이다. 팥은 밥에 섞기도 하고 떡고물로 사용되기도 하며 죽을 쑤기도 한다.

두류는 대두, 강낭콩, 완두, 녹두, 팥, 땅콩 등이 있다.

(3) 서류

서류는 곡류, 두류와 함께 중요한 식재료 중의 하나이다. 서류는 영양분을 줄기나 뿌리에 저장하는 근채류로 주영양분은 탄수화물이다. 서류의 대표적인 식재료는 감자이고 남미 고원지대가 원산지이다. 감자는 중국을 통해 우리나라에 들어 왔고 처음에는 '북방감저'라고 불렀다. 감자는 강원도 등에서 향토음식으로 발전해 주로 볶음이나 국을 만들어 먹었다.

고구마는 멕시코 남부지역이 원산지이고 조선 영조시대에 대마도를 거쳐 부산 동래를 통해 들어오게 되었다. 고구마는 척박한 곳에서도 잘 자라 감자와 함께 구황작물로 이용하게 되었다. 고구마는 30% 이상이 탄수화물 성분으로 그 대부분은 전분이다.

고구마에는 비타민 A의 전구체인 베타카로틴과 비타민 C가 들어 있는 대표적인 알칼리성 식품 중의 하나이다. 고구마의 비타민 C는 열에 안정하여 고구마를 삶은 뒤에도 70~80% 가 남아있다. 서류는 감자, 고구마, 토란, 마, 돼지감자 등이 있다.

(4) 채소류

채소류는 잎, 줄기, 뿌리 등을 이용한 초본식물로 주로 부식으로 이용된다. 채소류는 이용하는 부위에 따라 엽채류, 경 · 인채류, 근채류, 과채류, 화채류 등으로 구분한다. 엽채류는 잎이나 줄기를 이용하고, 경 · 인채류는 줄기의 싹이나 인경부 즉 비늘줄기를 사용하는 파, 양파, 마늘을 말한다. 뿌리를 이용하는 근채류, 열매를 이용하는 과채류, 브로컬리, 콜리플라워는 화채류로 꽃봉오리, 꽃받침, 꽃잎을 이용한다.

우리나라에서 재배되는 채소는 100여종이 되는데 대표적인 것은 배추, 무, 고추, 호박, 가지, 양파, 당근, 부추, 상추 등을 들 수 있다. 채소는 비타민의 공급원이며 국, 찌개, 김치, 나물, 장아찌에 이용한다.

배추는 중국 북부 지방이 원산지로서 고려시대에 도입되어 재배되기 시작하였다. 우리나라에서 배추는 십자화과에 속하는 작물로 주로 김치로 이용되며 결구하는 형태에 따라 결구종, 반결구종, 불결구종 등으로 나눌 수 있다. 배추는 비타민 C의 함량이 많고 섬유소의 함량이 높은 편으로 김치로 가공한 뒤에도 손실되는 양이 많지 않다. 무기질로는 칼륨과 칼슘의 함량이 높다. 섬유소는 섭취하였을 때 활발한 장운동을 유발하여 배변활동을 돕는다.

무는 지중해 연안이 원산지로 삼국시대에 중국을 거쳐서 전파되어 재배되었다. 무는 십자화과에 속하는 채소로서 비대해진 밑동이 주로 식용으로 사용하는 부분이고, 잎 부분도 이용된다. 무의 품종은 크게 조선무와 외무로 나눌 수 있는데 조선무에는 김장용으로 많이 사용되고 외무는 단무지용으로 사용된다. 무에는 포도당과 설탕이 포함되어 있어 단맛을 내고 무기질과 비타민 C의 함량이 높이다. 무의 매운맛은 배당체인 시니그린이 효소인 마이로시네이스에 의해 분해되어 생성되는 물질이다.

양파는 이란, 지중해 지역 등이 원산지로 추정되고 우리나라에서는 조선 말기에 미국과 일본을 통하여 전파되었다. 양파는 백합과에 속하는 채소로서 땅속에 있는 비늘줄기가 발달한 것인데, 단맛을 내는 포도당과 설탕이 다량 함유되어 있다. 양파에 들어있는 퀘르세틴은 노란색을 나타내는 물질로서 항산화제 역할과 고혈압 예방에 효과가 있다.

당근의 원산지는 아프가니스탄으로 우리나라에 도입된 시기와 재배 경로는 비교적 역사가 길지 않은 채소이다. 당근은 비타민 A가 채소류 중에서 가장 많이 포함되어 있고 주황색이 짙을수록 비타민 A의 함량이 높다. 특히 비타민 A의 전구체인 베타-카로틴의 함량이 높은데 베타-카로틴은 체내에서 세포 노화 방지 기능이 있는 것으로 알려져 있다. 당근에는 비타민 C를 산화시키는 효소인 아스코르베이트 옥시데이스가 포함되어 있기 때문에 채소류, 과일류 등의 식품 재료와 함께 사용될 경우 식품 재료의 비타민 C를 손상시킬 수 있다.

호박은 중앙아메리카의 열대 지역이 원산지로 비교적 고온에서 잘 자라는 작물이다. 호박은 박과에 속하는 식물이며 품종은 애호박, 늙은 호박, 단호박 등이 있다. 호박에는 탄수화물이 약 5.9% 함유되어 있고 비타민 B_1 의 함량이 비교적 높은 편이며 카로틴이 다량 포함되어 있다. 호박에는 황색의 천연 색소인 카로티노이드가 다량 존재하고 있어 다양한 약리효과를 갖고 있다. 호박의 씨에는 단백질과 지질이 풍부하게 들어있고 인지질의 일종인 레시틴과 필수아미노산, 필수지방산 등이 함유되어 있어서 영양적으로 우수한 재료이다.

오이는 인도의 북부가 원산지로 알려져 있고 우리나라에는 통일신라시대에 오이가 재배되었다는 기록이 있다. 오이는 대표적인 저칼로리 식품으로 지방함량이 낮기 때문에 다이어트 식품으로 이용되고 있다. 오이는 무기질로 칼륨과 인의 함량이 높으며, 오이의 쓴맛 성분은 큐커비타신이라 하는데 오이 꼭지의 청록색 부분에 많이 포함되어 있다. 큐커비타신은 오이를 보호하는 기능을 하는 물질인데 항종양 기능을 가지고 있다.

고추의 원산지는 남아메리카 지역으로 유럽을 거쳐 전 세계로 전파되었고 우리나라는 조선시대 중기에 일본과 중국을 통하여 도입되었다. 고추는 가지과에 속하는 작물로서 늦여름부터 가을에 걸쳐서 수확한다. 고추에는 무기질로서 칼슘과 인이 다량 함유되어 있고 특히 비타민 A와 비타민 C는 매우 높은 편이다. 고추의 붉은 색소는 매운맛을 내는 캡사이신으로 체내에서 혈액순환을 원활하게 하고 식욕을 증진시키는 역할을 한다.

부추는 동아시아 지역이 원산지로서 우리나라에는 삼국시대부터 알려져 왔다. 부추는 백합과의 채소로서 연중 여러 차례 수확이 가능한 작물이다. 부추의 성분은 비타민 A의 함량이 매우 높다. 부추 특유의 냄새는 황화 아릴 성분으로 그 성분 중 다이알릴 설파이드 등은 살균작용을 하고 소화효소 분비를 촉진하며 체내 콜레스테롤의 양을 감소시키는 기능이 있다.

상추는 지중해 연안과 서아시아 지역이 원산지로서 우리나라에는 삼국시대에 이미 즐겼다고 전해지고 고려시대에도 이용되었다는 기록이 남아있다. 상추는 국화과에 속하는 작물로서 형태에 따라 줄기상추, 잎상추, 로메인 등으로 나눌 수 있다. 상추는 수분이 90% 이상을 차지하고 함유된 탄수화물의 대부분은 포도당이다. 잎상추의 줄기에서 나오는 우유빛 액은 락투신과 락투코피크린 성분이 함유되어 있어 신경안정작용을 도와 스트레스 해소와 수면을 유도하는 기능이 있다.

우엉은 지중해 연안과 서아시아 지역이 원산지로 중국에서는 약초로 알려져 있다. 우엉은 국화과에 속하는 뿌리 채소로 탄수화물은약 15.5%를 차지하고 있는데 그 중 전분과 이눌린의 함량이 높다. 우엉 특유의 씹히는 맛은 이눌린이라 하는데, 이눌린은 신장의 기능을 높이는 효과가 있으며 혈당량에 영향을 미치지 않기 때문에 당뇨환자가 안전하게 섭취할 수 있는 식재료이다. 우엉에는 셀룰로스와 헤미셀룰로스 등으로 정장작용을 촉진하는 기능이 있고 단백질 중 아르지닌의 함량이 높아 이뇨작용을 도와주는 기능을 가지고 있으며, 무기질로는 인과 칼슘의 함량이 높다.

연근은 수생식물로서 수련과에 속하며 원산지는 중국과 북아메리카로 우리나라에서는 중국에서 유래한 종이 널리 재배되고 있다. 연은 습지에서 생장하는데 땅속으로 덩이줄기를 형성하여 부피가 비대해진 부분이 연근이다. 연근에는 아스파트산, 아르지닌, 인지질인 레시틴을 함유하고 있다. 무기질로는 인의 함량이 높은 수준이고 비타민 C가 많이 함유되어 있다. 연근의 철분은 지혈작용을 하고 식이섬유가 풍부해 변비에 도움을 준다. 또한 폴리페놀이 있어 공기와 접촉하면 갈색으로 변하기 때문에 식촛물에 담구면 갈변을 막을 수 있다.

(5) 버섯류

버섯은 식이섬유가 풍부하고 특유의 향과 감칠맛이 있으며 독특한 질감이 있다. 버섯은 식용버섯과 독이 있는 버섯이 있어 주의를 하여야 한다. 식용버섯은 색이 화려하지 않고 결이 있어 세로로 찢어지는 특징이 있다. 버섯은 말려서 사용을 하기도 하는데 마른 버섯에는 비타민 B, D의 모체인 이르고스테롤이 있어 항암과 콜레스테롤을 낮추는데 효과가 있다. 버섯에는 송이버섯, 표고버섯, 느타리버섯, 목이버섯, 석이버섯, 싸리버섯 영지버섯 등이 있다.

(6) 해조류

중국문헌에 의하면 신라와 발해에서 좋은 다시마와 미역이 중국에 보내졌다고 쓰여 있고 "고려사"에는 충선왕 때 원나라에 미역을 바친 기록이 있다. "임원십육지(1798년)"에는 '우무로 만든 묵을 '수정회(水晶膾)'라 하여 만들어 먹었다'는 기록이 있다. 해조류는 바다와 접한 남해안과 제주도 지역을 중심으로 발달하였다. 김은 말리고, 파래는 무치고, 다시마는 말려서 육수를 하거나 튀겨 먹었다. 청각은 김치를 담을 때 시원한 맛을 내기 위해 넣었다.

해조류는 김, 우뭇가사리 등의 홍조류, 미역, 다시마, 톳, 모자반 등의 갈조류, 파래, 매생이, 청각, 청태 등의 녹조류가 있다.

(7) 어패류

우리나라는 3면이 바다로 되어 있어 수자원이 풍부하다. 바다에서 잡은 생선, 민물에서 잡는 민물고기와 각종 조개류가 있다. 어패류는 어류, 연체류, 갑각류, 조개류가 있다. 주로 먹는 생선은 고등어, 갈치, 명태, 대구, 민어, 청어, 조기, 삼치, 도미, 꽁치, 준치, 연어, 두루묵, 가자미, 병어 등이 있다.

연체류에는 오징어, 낙지, 문어, 주꾸미, 꼴뚜기 등이 있다.

갑각류에는 게, 새우, 바닷가재, 닭새우 등이 있다.

조개류는 굴, 조개, 피조개, 바지락, 대합, 패주, 전복, 소라, 꼬막, 다슬기, 우렁이, 재첩, 등이 있다.

(8) 육류

쇠고기는 약 4000년 전에 마케도니아에서 소를 길러서 고기를 섭취하기 시작하였고 식용으로 사육되는 것은 약 30여종이 된다. 쇠고기의 근육 내 지방 부위인 마블링은 풍미나 촉촉함을 더해주는 부위이고 양지나 사태 부위는 국이나 찌개, 전골에 사용한다. 특히 소의 부산물은 각 부위마다 맛과 질감이 달라 다양하게 쓰이고 있다.

쇠고기를 연화시키기 위해 여러가지 과일의 효소를 사용하고 있는데 배, 무, 무화과, 키위, 파파야, 파인애플 등이 이용되고 있다. 쇠고기 성분은 단백질, 칼륨, 아연, 나이아신, 비타민 B12의 우수한 공급원이며 철, 인을 함유한다. 그러나 바람직하지 않은 포화지방산과 콜레스테롤도 다량 함유하고 있다.

돼지고기는 고기와 가죽을 얻기 위해서만 사육되어 왔는데 유대인, 이슬람교도, 고대 이집트인에게는 금기시되는 식재료이다. 돼지고기는 비타민B 복합체인 리보플라빈, 나이아신, 타아민이 다른 육류에 비하여 더 풍부하며, 아연, 칼륨, 인도 많이 포함되어 있다. 돼지고기는 식이섬유가 없어 채소와 함께 먹어야 영양의 균형이 좋다.

닭은 약 4000년 인더스 강 유역에서 사육되기 시작하여 2차 세계대전 후에는 양계산업의 발달과 함께 막대한 양이 소비되고 있다. 닭고기는 다른 육류보다 지방 함량이 작지만 콜레스테롤 양은 동일하다.

닭가슴살은 단백질이 22.9%이며 필수 아미노산이 쇠고기 보다 많고 지방 함량이 낮아 다이어트 식단에 많이 이용되고 있다.

(9) 알류

알류는 조류의 알을 말한다. 알류는 달걀, 오리알, 메추리알 등이 있다. 알류는 질 좋은 단백질이 있어 완전식품이라고도 한다. 알류는 찜, 수란, 조림에 이용되고, 전을 부칠 때 밀가루와 함께 사용된다. 또한 흰자와 노른자를 분리해 지단을 부쳐 고명으로 사용한다.

(10) 과일류

과일은 식물의 씨방이나 그 주변이 발달하여 과육을 이룬 것으로 오래 전부터 식용으로 선호해 왔다. 과일을 분류하면 사과, 배와 같이 꽃받침 부분이 발달한 인과류, 감귤과 같이 씨방이 발달한 준인과류, 복숭아, 자두와 같이 씨방이 발달하여 과육을 이루고 가운데 단단한 핵이 있는 핵과류, 포도, 석류와 같이 꽃받침이 주머니 모양이 되며 씨방이 부드러운 장과류가 있다. 견과류는 밤, 은행과 같이 씨앗을 식용으로 이용하는 과일을 말한다.

사과는 코카스서스에서부터 서아시아 지역에 걸쳐 세계적으로 가장 많이 재배되는 과일류 중 하나이다. 약 4000년경 스위스 토굴주거지에서 탄화된 사과가 발굴된 것으로 보아 역사를 오래 된것을 알 수 있다. 우리나라에서는 자생 능금이 재배되어 왔고 현재 개량종으로 재배되고 있는 사과 품종은 20여 종으로 부사, 홍옥, 아오리, 골든 딜리셔스, 스타킹 등이다. 주요 산지는 경북, 충남, 충북 지역이다. 사과의 성분으로는 탄수화물이 약 15.8%이고 대부분은 과당, 포도당, 설탕 등의 당분이다. 또한 여러 종류의 비타민이 포함되어 있으며 사과산, 구연산, 주석산 등의 유기산이 약 0.5% 정도 포함되어 있어 신맛을 낸다. 또한 사과에는 퀘르세틴, 클로로젠산, 카페산 등의 폴리페놀 물질이 다량 함유되어 있어 항산화 기능, 항암 기능, 항염증 기능 등을 가지고 있는 것으로 알려져 있다.

또한 사과에는 칼륨이 많이 함유되어 있어 몸 속 나트륨 배출을 촉진하여 혈압을 정상적으로 유지하는데 도움을 준다.

토마토는 남아메리카의 안데스 지방이 원산지로서 유럽을 거쳐서 전 세계로 전파되었다. 우리나라는 조선 중기의 기록에 토마토가 등장하는 것으로 보아 그 이전에 도입된 것으로 추정한다. 이수광의 '지봉유설'에는 토마토를 '남만시'로 기록하고 있다.

토마토는 가지과에 속하는 작물로서 특유의 향을 가지고 있고 비타민이 풍부하여 생으로 주스를 만들거나 가공하여 케찹을 만든다.

토마토는 비타민C와 칼륨, 칼슘 등 무기질 함량이 많은 알칼리성 식품이다.

토마토의 붉은색은 라이코펜 성분으로 강한 항산화 기능을 가지고 있고 심혈관 질환과 항암에도 도움을 주는 것으로 알려져 있다. 또한 무기질, 비타민, 구연산, 사과산, 주석산, 호박산 등의 유기산을 함유하고 있다. 또 토마토에 함유되어 있는 루틴은 비타민 P의 일종으로 항산화와 혈압 강하의 기능을 가지고 있다. 토마토에 아미노산의 일종인 글루탐산은 근육 내에 젖산이 축적되는 것을 막아주어 피로회복에 도움을 준다.

딸기는 원산지가 남아메리카 지역으로 우리나라에는 19세기 중엽에 일본에서 전해진 것으로 추정된다. 딸기는 장미과에 속하는 작물로서 17~20℃의 약간 서늘한 기후에서 잘 생육하며 생육 온도와 일조량에 따라 모양과 색이 다양하다.

딸기에는 사과산, 구연산, 주석산 등의 유기산이 다량 함유되어 있어 신맛을 내며 당류가 많아 딸기 특유의 맛을 만들어 낸다. 딸기는 비타민 C의 함량이 과일 중에 가장 많은 편으로 사과의 20배 정도이다. 따라서 하루 비타민 권장량은 60~70mg으로 딸기 6알 정도로 충족할 수 있다. 또한 딸기에는 엽산, 철분 함량이 높아 성장기 청소년이나 임산부, 태아에도 좋은 식품이다. 딸기에는 펙틴의 함량이 많지 않아서 잼으로 가공하기 위해서는 사과와 같이 펙틴의 함량이 높은 재료를 함께 이용하면 좋다. 딸기의 색은 안토시아닌계의 색소에 의한 것으로서 가열에 의하여 퇴색될 수 있다. 딸기는 주로 생으로 이용되고 잼, 젤리, 시럽 등으로 가공되어 이용되기도 한다.

대추는 남아시아의 아열대 지방이 원산지로 알려져 있고 온대 지방에도 널리 전파되어 있다. 중국에서 많이 생산되고 있으며, 우리나라에서는 경북이 주요한 산지이다. 대추는 갈매나뭇과에 속하는 작물로, 우리나라의 기후 조건이 대추의 생장에 적합하고 다른 작물에 비하여 재배가 용이해서 많이 재배되고 있다. 대추는 예로부터 풍요를 상징하며 약재로도 사용되었다.

대추의 성분은 탄수화물은 약 22.8%를 차지하고 있어서 다른 과일류에 비하여 함량이 높다. 주요한 당 성분으로 포도당과 과당이 함유되어 있고 단백질의 함량이 비교적으로 높다. 무기질로 칼륨, 인, 칼슘의 함유량이 높고 비타민 C가 다량 포함되어 있어 감귤류에 비해 20배나 높다.

한방에서는 대추를 자양강장, 정신 안정 등의 목적으로 사용하고 있다.

'동의보감에는 성질은 평하고 따뜻하며 맛은 달고 독이 없다'고 하였다. 특히 '속을 편하게 하고 오장을 보하며 천식이나 아토피 증상을 완화하는 효능이 있다'고 하였다.

2) 양념(藥念)

양념은 잡맛을 제거하여 음식의 맛과 풍미를 더욱 향상시키고, 음식의 향을 돋우거나, 음식의 저장 기간을 연장시킨다.

양념에는 짠맛을 내는 소금, 간장, 된장, 젓갈이 있고 단맛을 내는 설탕, 꿀, 조청, 물엿이 있다. 신맛을 내는 식초가 있으며 매운맛을 내는 고춧가루, 고추장, 후추 등이 있다.

한국음식에 쓰이는 향신료는 파, 생강, 후추, 겨자 등을 사용한다. 또한 향을 내고 풍미를 높이는 참기름, 들기름, 깨소금이 있다.

(1) 소금

소금은 짠맛을 내는 기본 조미료이다. 소금에는 색이 검고 결정이 굵은 모래알처럼 거칠은 천일염(호염 胡鹽, 굵은 소금)이 있다. 재염은 천일염을 물에 풀어서 다시 고아 정제한 것으로 희고 결정이 천일염보다 곱고 재제염 보다 거칠고 크며 깨끗하다. 재제염(고운소금, 꽃소금)은 재염을 다시 정제한 것으로 희고 재염보다 결정이 곱고 직접 식염으로 사용하는 소금이다.

(2) 간장

한국의 간장은 콩을 발효시켜 만든 것으로 음식의 짠맛과 감칠맛을 주거나 색을 낼 때 사용한다. 묽은 간장은 청장(淸醬)이라고도 하며, 그 해에 담근 장으로 맑은 국, 나물, 찌개 등에 사용한다. 진간장은 묽은 간장을 오랫동안 묵힌 것으로 색이 진하며 염도가 낮아 조림, 포, 육류 양념에 사용한다.

(3) 된장

일반적으로 간장을 분리시키고 건진 메주 건더기에 소금이나 간장을 섞어 간을 맞추어 으깬 것이다. 된장은 물기가 적고 점도가 높은 장이라는 뜻으로 간장에 비해 되직하다 하여 된장이라 한다. 된장은 종류가 다양하여 막된장, 토장, 막장, 담북장, 청국장 등이 있다. 된장은 짠맛, 구수한 맛, 단맛, 신맛을 갖고 있다. 된장은 단백질이 많으며 체내에서 소화되기 쉬운 형태로 바뀐다. 또한 된장에 함유된 레시틴은 혈중 콜레스테롤이 쌓이는 것을 막아 동맥경화에 도움을 준다.

된장은 국, 찌개, 무침, 쌈장 등을 만드는데 이용된다.

(4) 고추장

고추장은 고초장(苦椒醬)이라고도 한다. 고추장은 콩의 단백질과 찹쌀, 멥쌀, 보리쌀 등의 당질과 고춧가루, 식혜를 고아서 섞고 소금으로 간을 한 것으로 영양적으로 우수한 식품이다.

고추장 담는 법은 "증보산림경제(1766)"에 처음 기록되어 있다. 고추장은 메주가루와 함께 넣는 재료에 따라 찹쌀고추장, 쌀고추장, 보리고추장, 팥고추장, 무거리고추장, 엿고추장, 고구마고추장, 마늘고추장, 대추고추장 등이 있다.

고추장은 곡류의 함량이 높아 다른 장류에 비해 열량이 높으며 매운맛, 짠맛, 단맛, 구수한 맛을 가지고 있다. 고추장은 해마다 담가 먹고 남은 고추장은 각종 장아찌를 만들때 사용한다. 고추장은 캡사이신(Capsaicin) 성분이 있어 매운맛을 내며 찌개, 국, 볶음, 구이, 생채 등에 사용한다.

(5) 고추가루

고춧가루는 굵기에 따라 굵은 고춧가루, 중간 고춧가루, 고운 고춧가루로 나눈다.

굵은 고춧가루는 시원하고 얼큰한 맛을 내며 열무김치, 겉절이 등에 사용한다.

중간 고춧가루는 매운 맛, 시원한 맛, 약간의 단맛을 낸다. 김치류, 장아찌 무칠 때, 여러 가지 양념장에 사용한다. 고운 고춧가루는 음식의 붉은 색을 내며 매운 맛을 나게 한다. 고추장, 전골이나 탕, 생채 무칠 때 사용한다.

(6) 파

파는 고기의 누린내, 생선의 비린내를 제거하고 독특한 향취로 음식의 맛을 향상 시킨다.

대파(굵은 파)는 가을에 나는 파로 굵기가 직경 2cm정도이다. 대파의 흰부분은 나물 무침, 고기 양념, 국, 찌개 등의 사용한다. 대파의 푸른 부분은 잎 속의 진을 빼 내고 육류나 생선의 육수를 만들 때 사용한다. 중파는 직경이 1cm정도 이고 여름철에 나오는 파다. 실파는 봄에 나오는 파로 연한 질감으로 음식의 맛을 향상 시킨다. 쪽파는 밑동이 붙어 있고 여러 갈래로 되어 있으며 가을에 많이 난다.

(7) 마늘

마늘은 중앙아시아가 원산지로 백합과에 속하는 매운 식물이다. 마늘은 우리나라를 비롯하여 중국, 일본 등에서 사용하며 음식을 할 때 여러 가지 냄새를 제거하는데 사용한다. 특히 고기의 누린내, 생선의 비린내 제거에 좋다. 저장하기에는 논 마늘보다 밭 마늘이 단단하고 좋다.

마늘은 탄수화물이 주성분으로 비타민, 칼슘, 철, 인, 아연, 셀레늄, 알리신 등의 영양소가 함유되어 있다. 특히 알린(Allin)은 유황화합물로 알리나제라는 효소와 작용해 자기방어물질인 알리신(Allicin)이 된다. 알리신은 살균작용, 항균 작용이 있으며 면역력을 높이고 콜레스테롤 수치를 낮추는데 도움을 준다.

마늘은 거의 모든 음식에 쓰이며 찌개, 국, 나물, 무침 등에 사용하고, 육수를 만들 때는 통으로 사용한다.

(8) 생강

생강은 새앙, 새양이라고도 한다. 생강은 뿌리식물로 옆으로 자라는 다육질 덩어리이며 특유의 향이 강하고 매운 맛이 있어 돼지고기나 닭고기의 누린내를 제거하고 생선의 비린내를 없애는 데 좋다.

우리나라에서는 고려 헌종 9년 '고려사'에 생강을 재배하였다는 기록이 있어 그 이전부터 먹어온 것으로 추정한다.

생강에는 진저론(Zingerone) 성분이 있어 열을 내기도 하고 소화에도 도움을 준다. 동의보감에는 성질이 따뜻하여 오장육부의 차가운 기운을 제거하고 소화를 촉진하며 위와 장의 기능을 촉진한다고 기록되어 있다.

(9) 후추

후추는 후추과에 속하는 상록덩굴식물로 인도 남부가 원산지이다. 우리나라는 고려 때 이인로가 지은 '파한집' 에 처음으로 후추가 등장하였으며 송나라와 교역으로 들어온 것으로 추정한다. 검은 후춧가루는 열매가 미성숙 할 때 따서 건조시켜 가루로 만든 것으로 매운 맛이 강하다. 흰 후춧가루는 완전히 성숙한 열매를 따서 물에 껍질을 불려 벗기고 말려서 속 부분만 빻아서 가루를 만든 것이다. 흰 후춧가루는 검은 후추 보다는 매운 맛이 약하고 향기는 더 강하다. 통후추는 오랫동안 끓일 때 넣어 누린내와 비린내를 제거한다.

(10) 겨자

겨자는 중앙아시아가 원산지로 주로 밭에서 재배하며 갓의 열매에 원기둥 모양의 자루 안에 노란색의 씨이다. 겨자와 갓의 씨를 개자(芥子)라고도 하며 매운 맛이 강한 갓의 종자로 작고 둥근 씨앗을 가루로 만든 것이다. 겨자가루를 따뜻한 물에 개어 매운 맛을 상승시킨 다음 식초, 설탕, 소금을 넣고 소스를 만든다.

겨자의 매운 맛은 시니그린(sinigrin)으로 분해 시키는 효소인 미로시나제(myrosinase)는 40℃ 온도에서 가장 활동하기 좋기 때문에 따뜻한 물에 개어 10분 정도 발효시켜서 사용한다.

(11) 설탕

설탕은 넓은 의미로는 슈크로스, 포도당, 과당, 맥아당, 유당, 갈락토스 등의 당류를 포함한다. 설탕은 자당 또는 서당으로 불리기도 한다. 설탕은 사탕수수나 사탕무에서 즙을 얻어 생산되며 단맛을 내는 조미료이다.

우리나라에는 삼국시대나 통일신라시대에 설탕을 사용한 것으로 추정한다. 문헌상으로는 고려 명종때 이인로가 지은 '파한집'에 기록이 등장한다.

흰설탕은 정제 정도를 가장 많이 하여 백색을 만든 것이다.

황설탕은 정제 정도를 흰 설탕 보다 적게 한 것이다.

흑설탕은 정제 정도를 가장 적게 한 것이다.

(12) 꿀

꿀에는 벌꿀(자연꿀)과 당밀(인공꿀)이 있다. 벌꿀은 자연에서 얻은 최초의 천연감미료로 로마인은 꿀을 하늘이 내리는 이슬로 여겼다고 한다. 꿀은 이집트의 피라미드에서 약 3천 년전의 꿀단지가 발견되어 오래 전부터 먹은 것으로 본다. 우리나라에는 신라시대에 꿀이 사용된 기록이 '삼국사기'에 나와 있고, '일본서기'에는 백제왕자가 일본에 영봉법을 전했다는 기록이 나온다.

꿀은 꽃에 따라 아카시아꿀, 싸리꿀, 유채꿀, 밤꿀, 메밀꿀이 있으며 꿀에 따라 색과 맛이 다르다. 아카시아꿀은 색이 희고 고유의 향이 있고 밤꿀은 색이 검으며 약간의 쓴맛이 있다. 꿀의 성분은 80%가 탄수화물이고 과당, 포도당, 덱스트린으로 구성되어 있다. 그 외에 단백질, 무기질, 비타민 등이 들어있다.

(13) 식초

식초는 음식의 신맛을 내는 조미료로 식욕을 높이고 소화 흡수를 돕는다. 또한 생선 비린내를 제거하고 방부 작용과 살균 작용을 한다. 식초는 곡류, 과실주, 주류 등을 원료로 하여 발효시킨 양조식초와 빙초산이나 초산을 희석하여 만든 합성식초가 있다.

양조 식초는 곡물이나 과실을 원료로 하여 발효 시킨 것으로 포도주 식초, 능금식초 등이 있다. 향기와 함께 단맛, 신맛이 있으며 부드러운 편이다.

합성 식초는 화학제품인 빙초산 또는 초산을 3~5% 희석한 것이다. 신맛이 강하고 단맛이 없다.

(14) 깨소금

깨소금은 참깨를 물에 씻어 볶은 다음 가루로 빻아 고소한 맛과 향을 낸다.

참깨는 인도에서 사용하기 시작하여 유럽에 전해졌다는 설이 있다. 아리비아 상인을 통해 중국을 거쳐 한국에 들어 온 것으로 추정한다. 참깨는 고려시대의 '향약구급방'에 호마 또는 임자라고 쓰여 있는데 맛이 감(甘참)하고 독이 없다고 기록되어 있다. 깨의 종자는 50% 가량의 기름이 들어 있어 품질 좋은 기름을 짜기도 하고, 조미료로 이용하기도 한다.

나물, 찜, 볶음, 조림 등 모든 음식에 사용한다. 볶은 통깨는 참깨를 볶아 그대로 사용한다.

(15) 식물성기름

식물성 유지는 대두가 원료인 콩기름, 옥수수 배아가 원료인 옥수수유, 유채의 종실이 원료인 유채유, 참깨의 종실이 원료인 참기름, 들깨의 종실이 원료인 들기름이 있다.

콩기름은 대두유라고도 하며 식물성 유지 중에 가장 많이 사용하고 있다. 콩기름은 높은 열에도 잘 견디며 보관이 용이하다.

참기름은 참깨의 종실을 볶아 압착법으로 얻은 기름으로 특유의 고소한 향기와 부드러운 질감이 있다. 참기름은 불포화지방산이 높고 리그닌 성분인 세사몰(Sesamol)이 있어 산패에 강하고 항산화능을 갖고 있다.

들기름은 들깨의 종실을 압착법으로 채유한 것으로 특유의 향이 있다 들기름은 우리나라에서 많이 사용하는 기름이다. 오메가-3지방산인 리놀렌산이 50% 이상 들어 있어 풍미가 있다. 또한 α-리놀렌산이 많아 산패가 가장 빠르다.

3) 고명

고명은 음식을 아름답게 꾸며 주며 식욕을 향상 시키고 음식의 품위를 높여 준다. 장식을 목적으로 음식의 윗부분에 얹는다.

(1) 채소고명

청고추, 홍고추, 오이, 호박, 실파 등을 사용한다.

(2) 버섯고명

마른 표고버섯은 물에 불려 기둥을 떼고 얇게 저며 골패형이나 채 썬다.

목이버섯은 물에 불려 3~4등분으로 찢어 양념하여 볶는다.

석이버섯은 물에 잠깐 불려 비벼 씻은 후 돌기를 떼어 내고 골패형이나 채 썰어 소금, 참기름에 양념하여 볶는다.

(3) 견과류고명

은행, 호두, 대추, 잣, 밤, 호박씨, 해바라기씨 등을 사용한다.

(4) 알고명

달걀지단은 달걀을 흰자와 노른자로 분리하여 체에 내린다. 팬을 달구어 기름을 두르고 약불에서 지단을 부친다. 골패형, 마름모꼴, 채 썰기 등 다양하게 썰어서 사용한다.

(5) 고기완자고명

쇠고기와 두부를 곱게 다져 소금 양념을 한다. 지름 1.5cm로 완자를 빚어 밀가루, 달걀물을 씌운다. 팬에 기름을 두르고 약 불에서 굴려가며 익힌다.

(6) 미나리초대

미나리 잎을 떼어 줄기만 길이 10cm 정도로 잘라 3줄기 정도를 붙여 양끝을 꼬지로 꿴다. 달걀에 소금을 넣고 잘 섞어 밀가루, 달걀물을 씌운 후 팬에 기름을 약간 두르고 약불에 지진다. 골패형, 마름모꼴 등 다양하게 썰어 사용한다.

2장

한식조리

1. 오곡밥

만드는 법

1. 찹쌀과 멥쌀, 서리태, 수수는 1시간 불려서 건진다.(사진1)
2. 팥은 20분 정도 삶아 건지고 팥 삶은 물, 소금, 물을 섞어 밥물을 만든다.(사진2)
3. 차조는 씻어 건진다.
4. 냄비에 찹쌀, 멥쌀, 서리태콩, 차수수, 붉은 팥을 넣고 밥물을 부어 밥을 짓는다.
5. 밥이 끓으면 차조를 넣고 뜸을 들여 완성한다.(사진3)

①

②

③

재료 찹쌀 5컵, 멥쌀 1컵, 서리태콩 1컵, 차수수 1컵, 붉은 팥 1컵, 차조 1컵

2. 콩나물밥

만드는 법

1. 쌀을 깨끗이 씻어 체에 건져 30분 둔다.
2. 콩나물은 꼬리만 다듬어 씻고, 체에 건진다.(사진1)
3. 소고기는 핏물을 빼고, 채 썰어 양념한다.(사진2)
4. 불린 쌀에 동량의 물을 붓고, 콩나물과 양념한 소고기를 얹어 밥을 짓는다.(사진3)
5. 약불로 뜸을 들인 후 그릇에 담는다.
6. 비빔장을 곁들인다.

①

②

③

재료 쌀 1컵, 콩나물 60g, 소고기 30g
양념: 진간장 1작은술, 다진 파 1작은술, 다진 마늘 $\frac{1}{2}$작은술, 참기름 1작은술
비빔장: 진간장 1큰술, 깨소금 1작은술, 참기름 1작은술

3. 비빔밥

만드는 법

1. 쌀을 씻어 체에 건져 30분 두었다가 물을 넣고 밥을 짓는다
2. 애호박은 돌려 깎아 길이 5cm, 폭·두께 0.3cm로 채 썰고, 도라지도 같은 크기로 채 썰어 소금에 절인다.(사진1)
3. 불린 고사리는 5cm 길이로 채 썰어 양념한다.
4. 소고기의 일부는 5cm 길이로 채 썰어 양념하고, 남은 소고기는 다져서 양념하여 약고추장을 만든다.
5. 청포묵은 길이 5cm, 폭·두께 0.5cm로 채 썰어 데친 후 찬물에 넣었다가 물기를 제거하고 소금, 참기름으로 무친다.(사진2)
6. 달걀을 황·백 지단을 부쳐 길이 5cm로 채 썬다.
7. 다시마는 기름에 튀겨 잘게 부순다.
8. 팬에 애호박, 도라지, 고사리, 소고기를 볶는다.(사진3)
9. 팬에 다진 소고기를 볶다가 고추장, 설탕, 물을 넣고 약고추장을 만든다.
10. 밥 위에 재료들을 색 맞춰 돌려 담은 뒤 약고추장, 튀긴 다시마를 얹는다.

①

②

③

재료 쌀 1컵, 애호박 60g, 도라지 20g, 불린 고사리 30g, 소고기 30g, 청포묵 40g, 달걀 1개, 건다시마 5g, 식용유 3큰술, 진간장 1큰술, 설탕 1작은술, 다진 파 2큰술, 다진 마늘 1큰술, 깨소금 1큰술, 검은 후춧가루1g, 참기름 1큰술

약고추장: 고추장 2큰술, 설탕 1작은술, 물 2큰술

4. 김밥

만드는 법

1. 1. 멥쌀은 씻어 체에 건져 30분 두었다가 밥을 한다.
2. 오이는 깨끗이 씻어 길이 20cm, 폭 · 두께 0.7cm로 썰어 씨를 빼고 소금에 절인다. (사진1)
3. 당근, 단무지, 우엉도 오이와 같은 크기로 썬다.
4. 쇠고기는 핏물을 닦고 양념하여 물기 없이 볶는다.
5. 달걀은 소금을 넣고 풀어 약 불에서 두께 1cm로 부쳐 길이 20cm로 썬다.
6. 밥은 소금, 깨소금, 참기름을 넣고 섞는다. (사진2)
7. 팬에 식용유를 넣고 오이, 당근을 볶는다.
8. 팬에 식용유를 넣고 우엉을 볶다가 양념장을 넣고 약 불에서 10분 정도 조린다. (사진3)
9. 김을 펴고 양념한 밥을 얇게 펴서 재료를 놓고 동글게 말아준다. (사진4)
10. 김밥 위에 참기름을 약간 바르고 폭 1.5cm 정도로 썬다.

재료 멥쌀 3컵, 오이 1개, 당근 $\frac{1}{2}$개, 단무지 100g, 우엉 100g, 다진 쇠고기 80g, 달걀 2개, 김 3장, 식용유 3큰술

고기 양념: 간장 1작은술, 설탕 $\frac{1}{2}$작은술, 다진파 $\frac{1}{2}$작은술, 다진마늘 $\frac{1}{4}$작은술, 깨소금 1작은술, 후춧가루 0.1g, 참기름 1작은술

우엉 조림장: 간장 1큰술, 설탕 $\frac{1}{2}$큰술, 청주 1작은술, 물 1컵

5.

장국죽

만드는 법

1. 쌀은 씻어 2시간 불려 굵게 부순다. (사진1)
2. 소고기와 불린 표고버섯은 3cm로 채 썰어 양념한다. (사진2)
3. 참기름을 두른 냄비에 소고기, 표고버섯 순으로 볶다가 쌀을 넣어 2분 볶는다. (사진3)
4. 6배의 물을 붓고 센 불에서 3분 끓이다가, 약불로 15분 정도 눌러 붙지 않게 저어준다.
5. 죽이 퍼지면 간장과 소금으로 간을 맞춘다.

재료 쌀 $\frac{1}{2}$컵, 소고기 20g, 불린 건표고버섯 1개, 참기름 1큰술, 소금 1작은술
양념: 진간장 1작은술, 다진 파 1작은술, 다진 마늘 $\frac{1}{2}$작은술, 깨소금 $\frac{1}{2}$작은술, 검은 후춧가루 1g

6. 호박죽

만드는 법

1. 단호박은 4등분하여 씨를 제거한 후 찜솥에 쪄서 과육만 준비한다. (사진1)
2. 팥은 씻어 물을 넉넉히 부어 삶는다.
3. 고구마는 껍질을 벗기고 사방 2cm 크기로 썬다.
4. 냄비에 호박과 물을 넣고 끓이다가 고구마를 넣는다. (사진2)
5. 고구마가 익으면 삶아 놓은 팥을 넣어 잘 어우러지도록 끓인다. (사진3)
6. 끓고 있는 죽에 찹쌀가루를 물에 개어 조금씩 넣어 가며 농도를 맞춘다. (사진4)
7. 죽이 눌지 않도록 나무주걱으로 저어가며 끓이다가 소금으로 간한다.

재료 단호박 $\frac{1}{2}$개, 팥 $\frac{1}{2}$컵, 고구마 50g, 찹쌀가루 1컵, 물 7컵, 소금 1작은술

7. 떡국

만드는 법

1. 냄비에 쇠고기와 물을 붓고 대파, 마늘을 넣어 40분 끓여 육수를 만든다.(사진1)
2. 쇠고기는 건져 가로 3cm, 세로 2cm, 두께 0.2cm로 썰어 양념한다.
3. 흰가래떡은 길이 4cm, 두께 0.3cm로 어슷 썬다.
4. 달걀은 황·백으로 나누어 소금을 넣고 지단을 부친 후 1.5cm 크기의 마름모 모양으로 썬다.
5. 육수는 면보에 걸러 국간장으로 색을 내고 소금으로 간을 한다.(사진2)
6. 냄비에 육수와 떡국을 넣고 끓여 떡국이 떠오르면 어슷 썬 대파를 넣는다.(사진3)
7. 떡국을 그릇에 담고 삶은 고기과 달걀지단을 고명으로 얹는다.(사진4)

재료 가래떡 600g, 쇠고기 150g, 대파 20g, 육수 8컵, 국간장 1작은술, 소금 1작은술, 달걀 1개

고기양념: 국간장 1작은술, 다진파 $\frac{1}{2}$작은술, 다진마늘 $\frac{1}{4}$작은술, 깨소금 $\frac{1}{4}$작은술, 후춧가루 $\frac{1}{8}$작은술

육수: 쇠고기(양지머리) 200g, 대파 30g, 마늘 20g, 물 10컵

8.

만둣국

만드는 법

1. 밀가루에 물과 소금을 넣고 반죽하여 젖은 면보로 덮어 둔다. (사진1)
2. 소고기의 일부는 육수를 만들어 면보에 거르고 나머지는 다진다.
3. 끓는 물에 소금을 넣고 숙주를 데쳐 다지고, 두부는 물기를 짜서 으깨어 놓는다.
4. 김치는 속을 털어내 물기를 짜고 곱게 다진다.
5. 다진 소고기, 두부, 김치, 숙주에 양념을 하여 소를 만든다. (사진2)
6. 달걀은 황・백 지단을 부치고 마름모꼴로 썬다.
7. 밀가루 반죽은 지름 8cm로 둥글게 밀어 만두피를 만들어 소를 넣고 만두를 빚는다. (사진3)
8. 소고기 육수에 간장으로 색을 내고 소금으로 간한다. (사진4)
9. 육수가 끓으면 만두를 넣고 끓이다가 만두가 떠오르면 그릇에 담고 지단 고명을 얹는다.

재료 밀가루(중력분)60g, 소고기 100g, 숙주30g, 두부50g, 배추김치 40g, 달걀 1개, 대파 20g, 소금 1작은술, 국간장 1작은술, 식용유 1큰술

소 양념: 소금 1g, 다진 마늘 1작은술, 다진 파 1작은술, 깨소금 $\frac{1}{2}$작은술, 후춧가루 약간, 참기름 1작은술

9. 칼국수

만드는 법

1. 멸치는 머리와 내장을 제거한 후 물 3컵, 대파, 마늘을 넣고 15분 정도 끓인 후 면보에 걸러낸다.(사진1)
2. 밀가루는 소금과 물을 넣어 되직하게 반죽해 젖은 면보로 덮어 둔다.(사진2)
3. 호박은 길이 5cm, 폭·두께 0.3cm로 채 썰어 소금에 절이고, 불린 표고는 채 썰어 양념한 후 각각 팬에 볶아 낸다.
4. 홍고추는 길이 3cm로 어슷 썬다.
5. 밀가루 반죽은 두께 0.2cm로 밀어서 밀가루를 뿌리고 겹겹이 겹쳐 0.2cm 두께로 썬다.(사진3)
6. 육수는 간장으로 색을 내고 소금으로 간하여 끓으면 칼국수를 넣어 끓인다.
7. 마지막에 홍고추를 넣고 2분 끓인다.
8. 칼국수를 그릇에 담고 호박과 표고버섯, 홍고추를 고명으로 올린다.(사진4)

재료 밀가루(중력분) 100g, 국물용 멸치 20g, 애호박 60g, 불린 표고버섯 1개, 홍고추 1개, 바지락 3개, 마늘 1쪽, 대파 20g, 식용유 1큰술, 소금 1작은술, 진간장 1작은술, 참기름 1작은술, 백설탕 1작은술

①

②

③

④

10.

국수장국

만드는 법

1. 쇠고기는 파, 마늘을 넣고 끓여 육수를 만든다.(사진1)
2. 육수는 면보에 걸러 긴장으로 색을 내고 소금으로 간을 맞춘다.
3. 삶은 소고기는 길이 5cm, 폭・두께 0.2cm로 채 썬다.
4. 애호박은 길이 5cm, 폭・두께 0.2cm로 채 썰어 소금에 절였다가 볶는다.(사진2)
5. 달걀은 황・백 지단을 부쳐 길이 5cm, 폭・두께 0.2cm로 채 썬다.
6. 석이버섯은 불려서 채 썰고, 소금과 참기름을 넣고 살짝 볶는다.(사진3)
7. 실고추는 길이 3cm로 자른다.
8. 국수는 삶아 둥글게 말아 그릇에 담고 뜨거운 육수를 붓는다.(사진4)
9. 국수 위에 호박, 소고기, 황・백 지단, 석이버섯, 실고추를 얹는다.

재료 소면 80g, 소고기 50g, 애호박 60g, 달걀 1개, 석이버섯 5g, 실고추 1g, 식용유 1큰술, 참기름 1작은술, 소금 1작은술, 진간장 1작은술, 대파1토막, 마늘 1쪽

11.

비빔국수

만드는 법

1. 소고기와 불린 표고는 길이 5cm, 폭·두께 0.2cm로 채 썬 뒤 양념한다. (사진1)
2. 오이는 소고기와 같은 크기로 채 썰고 소금에 절인다.
3. 석이버섯은 깨끗이 씻어 채 썰고 실고추는 길이 3cm로 자른다.
4. 달걀은 황·백 지단으로 부쳐 길이 5cm로 채 썬다.
5. 기름 두른 팬에 오이, 석이버섯, 표고버섯, 소고기 순으로 볶아낸다. (사진2)
6. 국수는 삶아 찬물에 헹궈 물기를 뺀 뒤 양념하고 볶은 오이, 표고, 소고기를 넣고 섞는다. (사진3)
7. 국수를 그릇에 담고 오이, 석이버섯, 지단, 실고추를 고명으로 얹는다.

재료 소면 70g, 소고기 30g, 건표고버섯 1개, 오이 $\frac{1}{4}$개, 석이버섯 2g, 달걀 1개, 실고추 1g, 식용유 2큰술

양념: 진간장 1큰술, 소금 1작은술, 백설탕 1작은술, 다진 파 1작은술, 다진 마늘 1작은술, 깨소금 1작은술, 후춧가루 1g, 참기름 1작은술

12.
미역국

만드는 법

1. 소고기는 핏물을 닦고 가로2cm, 세로 3cm로 얇게 저며 썬다.
2. 미역을 물에 담가 불린 후 씻어서 길이 5cm로 자른다.(사진1)
3. 냄비에 참기름을 두르고 썰어 놓은 소고기와 미역을 살짝 볶은 후 물을 붓고 국을 끓인다.(사진2)
4. 국이 끓어오르면 국간장과 액젓으로 간을 맞춘다.(사진3)

①

②

③

재료 소고기 100g, 미역 30g, 물 7컵, 국간장 1작은술, 액젓 $\frac{1}{2}$작은술, 참기름 1큰술

13. 콩나물북엇국

만드는 법

1. 콩나물은 씻어 건진다.
2. 북어채는 물에 헹궈 물기를 짠다.
3. 무는 가로 2cm, 세로 3cm로 나박나박 썰고, 청양고추는 송송 썬다.(사진1)
4. 냄비에 참기름을 넣고 무와 북어채를 3분 정도 볶는다.(사진2)
5. 북어가 오그라들면 물을 넣고 7분 정도 끓인다.
6. 콩나물을 넣고 5분 더 끓인다.
7. 어슷 썬 대파, 청양고추, 마늘, 소금, 후추를 넣고 간을 한다.
8. 달걀을 풀어 넣고 약 불로 2분 정도 더 끓인다.(사진3)

재료 콩나물 100g, 북어채 30g, 무 50g, 청양고추 2개, 대파 30g, 다진 마늘 1큰술, 달걀 1개, 소금 1작은술, 후추 약간, 참기름 1큰술

14.

육개장

만드는 법

1. 소고기는 핏물을 닦고 가로・세로 8cm로 썰어 물, 대파 1대, 청주를 넣고 1시간 정도 삶는다.(사진1)
2. 불린 토란대, 불린 고사리, 배추 우거지는 깨끗이 씻어 길이 5cm로 자른다.(사진2)
3. 숙주는 끓는 물에 살짝 데쳐 건진다.
4. 대파는 반 갈라 길이 5cm로 자르고 소고기는 건져 결대로 찢는다.
5. 양념을 만든다.
6. 토란대, 고사리, 우거지는 양념을 넣어 버무린다.(사진3)
7. 냄비에 육수를 넣고 끓으면 토란대, 고사리, 우거지를 넣고 30분 정도 끓인다.
8. 육개장에 대파를 넣고 10분 정도 끓이다가 숙주를 넣고 2분 끓인다.(사진4)
9. 소금으로 간을 한다.

①

②

③

재료 소고기(양지) 300g, 불린 토란대 70g, 불린 고사리 70g, 배추 우거지100g, 숙주 100g, 대파 3대, 소금 2큰술, 청주 1큰술, 물 3리터

양념: 고추가루 4큰술, 국간장 3큰술, 다진 마늘 3큰술, 후춧가루 약간

④

15. 삼계탕

만드는 법

1. 닭은 배를 가르지 말고 내장을 빼고 깨끗이 씻어 놓는다.
2. 찹쌀은 2시간 불려 물기를 빼고 마늘, 밤은 껍질을 벗긴다.
3. 인삼은 윗부분을 자르고 대추는 깨끗이 씻는다.(사진1)
4. 닭 속에 찹쌀과 인삼, 대추, 밤, 마늘을 넣고 실로 묶는다.(사진2)
5. 냄비에 닭을 넣고 물을 부어 센 불에서 끓으면 중불로 40분 정도 끓인다.(사진3)
6. 닭이 익으면 그릇에 담고 송송 썬 실파와 소금, 후추를 곁들여 낸다.

재료 영계(500g) 1마리, 찹쌀 3큰술, 마늘 2개, 밤 2개, 인삼(중) 1뿌리, 대추 2개, 실파 1뿌리, 물10컵, 소금, 후추

16.

된장찌개

만드는 법

1. 두부는 가로 2cm・세로 3cm・두께 0.7cm로 썬다.(사진1)
2. 쇠고기는 0.3cm두께로 채 썰어 고기 양념을 한다.
3. 애호박과 감자는 반달 모양으로 두께 0.5cm로 썬다.
4. 양파는 도톰하게 채 썰고 홍고추, 풋고추, 대파는 어슷하게 썬다.(사진2)
5. 바지락은 소금물에 1시간 정도 물에 담가둔다.
6. 냄비에 소고기를 넣고 볶다가 쌀뜨물을 붓고 맛된장을 넣고 끓인다.(사진3)
7. 애호박, 감자, 양파를 넣고 끓이다가 두부를 넣는다.
8. 바지락, 대파, 홍고추, 풋고추를 넣고 끓인다.(사진4)

재료 두부 $\frac{1}{4}$모, 쇠고기(우둔) 30g, 애호박 30g, 감자 $\frac{1}{2}$개, 양파 $\frac{1}{4}$개, 홍고추 1개, 풋고추 1개, 대파 $\frac{1}{2}$대, 바지락 3개, 쌀뜨물 3컵

맛 된장: 된장 2큰술, 고추장 1작은술, 다진 마늘 1작은술, 참기름 1작은술, 설탕 약간

고기 양념: 간장 1작은술, 다진 파 $\frac{1}{2}$작은술, 다진 마늘 $\frac{1}{4}$작은술, 참기름 $\frac{1}{2}$작은술, 깨소금 약간, 후추 약간

Orchid

17.

김치찌개

만드는 법

1. 김치는 길이 3cm로 썰어 설탕, 깨소금, 참기름에 버무린다. (사진1)
2. 돼지고기는 가로 · 세로 2cm로 두툼하게 썰어 고춧가루, 다진 파, 다진 마늘, 청주에 버무린다. (사진2)
3. 양파는 폭 1cm로 굵게 채 썬다.
4. 냄비에 김치, 돼지고기, 양파를 넣고 볶는다. (사진3)
5. 물이 잠기게 부어 중불에서 20분 정도 끓인다.

재료 김치 $\frac{1}{4}$통, 돼지고기 100g, 양파 $\frac{1}{4}$개, 고춧가루 1큰술, 설탕 1작은술, 깨소금 1작은술, 다진 파 1큰술, 다진 마늘 1큰술, 청주 1큰술, 참기름 1큰술

18.

생선찌개

만드는 법

1. 생선은 깨끗이 손질한 후 5cm정도로 자른다.
2. 무, 두부는 가로 2.5cm, 세로 3.5cm, 두께 0.8cm로 썰고, 호박은 0.5cm 두께로 반달형으로 썬다.(사진1)
3. 풋고추 · 홍고추는 길이 3cm로 어슷 썰고 씨를 제거한다.
4. 쑥갓, 실파는 길이 3cm로 자른다.
5. 냄비에 물을 넣고 고추장을 풀어 무를 넣고 끓인다.(사진2)
6. 무가 반쯤 익으면 생선과 고춧가루를 넣는다.(사진3)
7. 생선찌개가 끓어오르면 호박과 두부를 넣고 끓인다.
8. 생선 맛이 우러나면 거품을 걷어내고 풋고추, 홍고추, 실파, 다진 마늘, 다진 생강을 넣고 소금으로 간한다.
9. 쑥갓을 위에 올리고 불을 끈다.(사진4)

재료 동태(300g) 1마리, 무 60g, 두부 60g, 애호박 30g, 풋고추 1개, 홍고추 1개, 쑥갓 10g, 실파 2뿌리, 다진 마늘 1큰술, 다진 생강 1작은술, 고추장 30g, 소금 10g, 고춧가루 10g

19. 두부전골

만드는 법

1. 쇠고기는 물, 마늘, 대파를 넣어 끓인 후 면보에 걸러 간장으로 색을 내고 소금으로 간한다. (사진1)
2. 삶은 소고기는 꺼내 길이 5cm, 폭 1.2cm, 두께 0.3cm로 썬다.
3. 두부는 가로 3cm, 세로 4cm, 두께 0.5cm로 썰어 소금을 뿌린다. (사진2)
4. 두부의 물기를 제거하고 전분을 묻혀 팬에 지진다.
5. 소고기살은 곱게 다져 으깬 두부와 섞어 양념하고 지름 1.5cm로 완자를 빚어 전분, 달걀을 묻혀 지진다. (사진3)
6. 무, 당근, 불린 표고버섯은 길이 5cm, 폭 1.2cm · 두께 0.5cm로 썰고 살짝 데친다.
7. 숙주는 거두절미하고 끓는 물에 데친 후 소금, 참기름에 무친다.
8. 실파는 길이 5cm로 썰고 달걀은 황 · 백 지단을 부쳐 무와 같은 크기로 썬다.
9. 모든 재료는 전골냄비에 돌려 담고 지진 두부와 완자를 올려 육수를 부어 끓인다. (사진4)

재료 두부 200g, 쇠고기(살고기) 30g, 쇠고기(사태) 100g, 무 60g, 당근 60g, 불린 표고버섯 2장, 숙주 50g, 실파 40g, 달걀 2개, 마늘 3개, 대파 20g, 감자전분 3큰술, 간장 1작은술, 소금 1작은술, 식용유 2큰술

양념: 소금 1g, 다진 마늘 $\frac{1}{2}$작은술, 다진 파 $\frac{1}{2}$작은술, 깨소금 약간, 참기름 약간

20.

버섯전골

만드는 법

1. 쇠고기는 물, 마늘, 대파를 넣어 끓인 후 면보에 걸러 간장으로 색을 내고 소금으로 간한다. (사진1)
2. 삶은 소고기는 꺼내 길이 5cm, 폭 1.2cm, 두께 0.3cm로 썬다.
3. 소고기살은 곱게 다져 으깬 두부와 섞어 양념하고 지름 1.5cm로 완자를 빚어 전분, 달걀을 묻혀 지진다. (사진2)
4. 생표고버섯과 새송이버섯은 모양을 살려 두께 0.3cm로 썬다.
5. 황금송이버섯은 길이 5cm로 썬다. (사진3)
6. 무, 당근은 길이 5cm, 폭 1.2cm, 두께 0.5cm로 썰고 살짝 데친다.
7. 숙주는 거두절미하고 끓는 물에 데친 후 소금, 참기름에 무친다.
8. 실파는 길이 5cm로 썰고 달걀은 황백 지단을 부쳐 무와 같은 크기로 썬다.
9. 홍고추는 길이 3cm로 어슷 썬다.
10. 전골냄비에 재료를 돌려 담고, 쇠고기 완자를 중앙에 담는다. (사진4)
11. 육수는 간장, 소금으로 간을 하고 전골냄비에 부어 끓인다.

재료 쇠고기(사태) 100g, 쇠고기(살고기) 30g, 두부 20g, 생표고버섯 2개, 새송이버섯 30g, 황금송이버섯 30g, 무 60g, 당근 60g, 숙주 50g, 실파 40g, 홍고추 2개, 달걀 2개, 마늘 3개, 대파 20g, 감자전분 3큰술, 간장 1작은술, 소금 1작은술, 식용유 2큰술

양념: 소금 1g, 다진 마늘 $\frac{1}{2}$작은술, 다진 파 $\frac{1}{2}$작은술, 깨소금 약간, 참기름 약간

①

②

③

④

21.

무생채

만드는 법

1. 무는 길이 6cm, 폭·두께 0.2cm로 채 썬다. (사진1)
2. 채썬 무에 고춧가루로 색을 낸다. (사진2)
3. 무에 파, 마늘, 생강, 소금, 설탕, 식초, 깨소금을 넣어 무친다. (사진3)
4. 무생채를 담아낸다.

재료 무 200g, 소금 1큰술, 고춧가루 1큰술, 다진 파 1작은술, 다진 마늘 1작은술, 다진 생강 $\frac{1}{2}$작은술, 설탕 $\frac{1}{2}$작은술, 식초 1큰술, 깨소금 1작은술

22.

도라지생채

만드는 법

1. 도라지는 껍질을 벗겨 씻은 후 길이 6cm, 폭·두께 0.2cm로 채 썬 다음 소금에 절이고, 물기를 제거한다.(사진1)
2. 고추장, 고춧가루, 설탕, 식초, 파, 마늘, 깨소금을 섞어 양념장을 만든다.
3. 도라지에 양념장을 넣어 무친다.(사진2)
4. 물이 생기지 않게 담아낸다.(사진3)

①

②

③

재료 통도라지 3개, 소금 1작은술

양념장: 고추장 1작은술, 고춧가루 1½큰술, 설탕 1큰술, 식초 1큰술, 다진 파 1작은술, 다진 마늘 1작은술, 깨소금 1작은술

23. 도토리묵무침

만드는 법

1. 도토리묵은 가로 3cm, 세로 4cm, 두께 1cm로 썬다.(사진1)
2. 오이는 길이로 반 자른 후 어슷 썰기 한다.
3. 청고추와 홍고추는 어슷 썰기 한다.
4. 깻잎과 쑥갓은 깨끗이 씻어 반을 자른 후 큼직하게 썬다.(사진2)
5. 양념장을 만든다.
6. 도토리묵과 준비된 재료를 넣고 깨지지 않도록 무친다.(사진3)

재료 도토리묵 1개, 오이 $\frac{1}{2}$개, 청・홍고추 $\frac{1}{2}$개씩, 깻잎 5장, 쑥갓 3줄기,
양념장: 진간장 2큰술, 고춧가루 1큰술, 설탕1큰술, 다진 파 1작은술, 다진 마늘 1작은술, 깨소금 $\frac{1}{2}$큰술, 들기름 1큰술

24.

대하냉채

만드는 법

1. 새우는 씻어 찜통에 10분 찐다.(사진1)
2. 새우 껍질을 벗기고 반 갈라 어슷 썬다.
3. 냄비에 물을 붓고 끓으면 쇠고기, 파 잎, 마늘을 넣고 40분 정도 끓인다.(사진2)
4. 삶은 고기는 건져 길이 5cm, 폭 1.5cm, 두께 0.3cm로 썬다.
5. 오이, 당근, 양배추, 배는 깨끗이 손질하여 길이 5cm, 폭 1.5cm, 두께 0.3cm로 썬다.(사진3)
6. 밤은 껍질을 벗기고 두께 0.5cm로 썬다.
7. 겨자즙을 만든다.
8. 재료를 보기 좋게 돌려 담고 겨자장을 곁들인다.(사진4)

①

②

③

④

재료 새우(대하) 5마리, 쇠고기 100g, 오이 80g, 당근 50g, 양배추 100g, 배 100g, 밤 3톨

겨자즙: 발효겨자 2큰술, 소금 1작은술, 식초 3큰술, 설탕 3큰술, 꿀 1큰술, 육수 3큰술

25. 탕평채

만드는 법

1. 청포묵은 길이 6cm 폭 · 두께 0.4cm로 썰어 끓는 물에 데쳐 물기를 없애고 소금, 참기름으로 긴한다.(사진1)
2. 소고기와 표고버섯은 길이 5cm 폭 · 두께 0.2cm로 채 썰어 양념하여 볶는다.(사진2)
3. 숙주는 머리, 꼬리를 다듬어 끓는 물에 소금을 넣고 데쳐 소금, 참기름으로 간한다.
4. 미나리는 잎을 떼고 끓는 물에 소금을 넣고 데쳐 소금, 참기름으로 간한다.
5. 달걀은 황 · 백 지단으로 부쳐 길이 5cm로 채 썰고, 김은 구워서 지단과 같은 크기로 채 썰어 준비한다.
6. 재료들은 양념장으로 무쳐 그릇에 담고 김, 지단채를 얹는다.(사진3)

①

②

③

재료 청포묵 150g, 소고기 20g, 불린 표고버섯 2장, 숙주 20g, 미나리 10g, 달걀 1개, 김 $\frac{1}{4}$장, 소금 2g, 식용유 1큰술

양념장: 진간장 1작은술, 설탕 $\frac{1}{2}$작은술, 다진 파 $\frac{1}{2}$작은술, 다진 마늘 1작은술, 깨소금 1작은술, 식초 1작은술, 후춧가루 1g, 참기름 1작은술

26.

칠절판

만드는 법

1. 소고기는 길이 5cm 폭·두께 0.2cm로 채 썰어 양념한다.
2. 오이는 돌려 깎기 하여 채 썰고 당근도 채 썰어 소금에 절인다. (사진1)
3. 석이버섯은 물에 불려 깨끗이 씻은 후 채 썰어 소금, 참기름으로 간한다.
4. 달걀은 황·백 지단으로 부쳐 소고기와 같은 크기로 채 썬다.
5. 밀가루 5큰술, 물 6큰술에 소금을 넣고 섞어 직경 8cm로 얇게 부친다. (사진2)
6. 팬에 기름을 두르고 오이, 당근, 석이버섯, 소고기 순으로 볶는다. (사진3)
7. 겨자와 물을 섞어 따뜻하게 발효시켜 소금, 설탕, 식초를 섞는다.
8. 접시중앙에 밀전병을 담고 다른 재료들은 색을 맞추어 돌려 담는다. (사진4)
9. 겨자장과 곁들인다.

재료 소고기 50g, 오이 $\frac{1}{2}$개, 당근 50g, 석이버섯 15g, 달걀 1개, 밀가루 50g, 겨자 2큰술, 식용유 3큰술, 소금 2큰술,
양념: 진간장 1작은술, 설탕 $\frac{1}{2}$작은술, 다진 파 $\frac{1}{2}$작은술, 다진 마늘 1작은술, 깨소금 1작은술, 후춧가루 1g, 참기름 1작은술,
겨자장: 발효겨자 1큰술, 소금 약간, 설탕 1큰술, 식초 1큰술

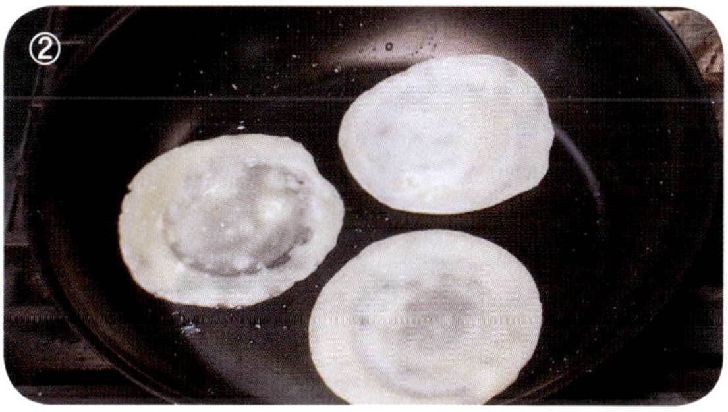

27. 잡채

만드는 법

1. 소고기와 표고버섯은 길이 6cm, 폭·두께 0.3cm로 채 썰어 간장 양념한다.
2. 목이버섯은 길이 6cm, 폭·두께 0.3cm로 썰어 소금, 참기름으로 간한다.
3. 양파도 0.3cm 굵기로 채 썰고 도라지는 길이 6cm, 폭·두께 0.3cm로 채 썰어 소금에 절인다.
4. 오이는 돌려 깎기 하고 당근도 같은 크기로 채 썰어 소금에 절여 물기를 닦는다.(사진1)
5. 달걀은 황·백 지단을 부쳐 길이 4cm, 폭·두께 0.2cm로 채 썬다.
6. 팬에 기름을 두르고 채소, 버섯, 소고기 순으로 각각 볶는다.(사진2)
7. 당면은 끓는 물에 삶아 가위로 2~3번 자르고 간장, 설탕, 깨소금, 참기름으로 양념해 볶는다.(사진3)
8. 볶은 재료와 당면을 한 접시에 담아 버무려 담고 달걀 지단을 고명으로 얹는다.(사진4)

재료 당면 30g, 소고기 30g, 불린 표고버섯 2장, 불린 목이버섯 2개, 양파 $\frac{1}{4}$개, 도라지 1개, 오이 $\frac{1}{3}$개, 당근 50g, 달걀 1개, 진간장 2큰술, 백설탕 1큰술, 깨소금 1큰술, 참기름 1큰술, 식용유 3큰술, 소금 1큰술

간장양념: 간장 1작은술, 다진 파 1작은술, 다진 마늘 1작은술, 검은 후춧가루 1g, 참기름 1작은술

당면 양념: 간장 1큰술, 설탕 1큰술, 깨소금 1큰술, 참기름 1큰술

만드는 법

도라지나물

1. 통도라지를 씻어서 길이 5cm, 폭·두께 0.3cm로 채 썰어 소금을 넣고 바락바락 주물러서 쓴맛을 뺀다.
2. 냄비에 식용유를 두르고 도라지를 넣어 볶다가 소금, 파, 마늘을 넣는다.
3. 물을 가장자리에 두르고 뚜껑을 덮은 다음 약한 불로 익힌다. (사진1)
4. 도라지나물에 깨소금과 참기름을 넣어 고루 섞어 잠시 두었다가 그릇에 담는다.

고사리나물

1. 불린 고사리는 끓는 물에 살짝 데친다.
2. 고사리의 단단한 줄기 부분을 잘라내고 5cm길이로 자른다.
3. 고사리에 양념을 넣어 무쳐 간이 들게 잠시 둔다.
4. 냄비에 기름을 두르고 고사리를 넣어 볶다가 물 5큰술을 넣고 뚜껑을 덮어 약한 불로 익힌다. (사진2)
5. 국물이 조금 남으면 참기름을 넣어 고루 섞어 그릇에 담는다.

시금치나물

1. 시금치는 뿌리를 잘라내고 다듬는다.
2. 냄비에 물을 넉넉히 넣고 끓으면 소금을 넣고 뚜껑을 연 채로 3분 정도 데친다.
3. 시금치를 건져 찬물에 넣었다가 물기를 짠다.
4. 시금치는 길이 5cm로 썬다.
5. 시금치에 양념을 넣어 고루 무쳐서 그릇에 담는다. (사진3)
6. 시금치나물 위에 통깨를 솔솔 뿌린다.

28. 삼색나물

재료 **도라지나물 재료**

도라지 200g, 소금 1큰술, 깨소금 1작은술, 참기름 1작은술, 식용유 1큰술

양념: 소금 1작은술, 다진파 2작은술, 다진마늘 1작은술, 설탕 약간, 물 5큰술

고사리나물 재료

불린 고사리 300g

양념: 국간장 1큰술, 다진 파 2작은술, 다진 마늘 1작은술, 물 5큰술, 깨소금 1작은술, 참기름 1작은술

시금치나물 재료

시금치 300g, 소금 1작은술, 통깨 $\frac{1}{2}$작은술

양념: 국간장 1큰술, 다진 파 2작은술, 다진 마늘 1작은술, 깨소금 1작은술, 참기름 1작은술

29.

오이선

만드는 법

1. 오이는 깨끗이 씻어 길이로 반 자른다.
2. 오이는 4cm 길이로 어슷하게 자르고 세 군데 칼집을 넣어 소금물에 절인다. (사진1)
3. 소고기와 표고버섯은 길이 3cm, 폭 · 두께 0.2cm로 채 썰어 양념에 무친다.
4. 달걀은 황 · 백 지단을 부쳐 길이 3cm로 채 썬다.
5. 절인 오이는 물기를 제거하고 기름 두른 팬에 살짝 볶는다. (사진2)
6. 소고기와 표고버섯도 볶는다.
7. 오이 칼집 속에 황 · 백 지단을 각각 양 끝에 끼우고, 소고기와 표고는 가운데에 끼운다.
8. 오이선을 그릇에 담고 단촛물을 끼얹는다. (사진3)

재료 오이 $\frac{1}{2}$개, 소고기 20g, 불린 표고버섯 1개, 달걀 1개, 참기름 1작은술, 검은 후춧가루 1g, 소금 2큰술, 식용유 1큰술
양념: 진간장 1작은술, 설탕 $\frac{1}{2}$작은술, 다진 파 $\frac{1}{2}$작은술, 다진 마늘 $\frac{1}{2}$작은술, 깨소금 $\frac{1}{2}$작은술
단촛물: 소금 $\frac{1}{4}$작은술, 설탕 1큰술, 물 1큰술, 식초 1큰술

30.

오징어볶음

만드는 법

1. 오징어는 깨끗이 씻어 내장과 껍질을 제거하고 몸통 안쪽에 0.3cm 폭으로 어슷하게 칼집을 넣는다.(사진1)
2. 오징어는 가로 4cm, 세로 1.5cm로 썰고 다리도 같은 크기로 썬다.
3. 양파는 1cm 두께로 채 썬다.
4. 풋고추 · 홍고추 · 대파는 길이 3cm로 어슷 썬다.(사진2)
5. 고추장양념을 만든다.
6. 팬에 식용유를 두르고 야채를 볶은 다음 오징어와 양념장을 넣어 볶는다.(사진3)
7. 오징어가 익으면 풋고추, 홍고추, 대파를 넣는다.

재료 물오징어(250g) 1마리, 양파 $\frac{1}{2}$개, 풋고추 1개, 홍고추 1개, 대파 20g, 식용유 2큰술

양념: 간장 1작은술, 고추장 $\frac{1}{2}$큰술, 고춧가루 1큰술, 설탕 1큰술, 다진 파 1작은술, 다진 마늘 1큰술, 다진 생강 1작은술, 깨소금 1작은술, 청주 1큰술, 후춧가루 약간, 참기름 1큰술

31.

제육구이

만드는 법

1. 돼지고기는 핏물을 제거하고 가로 5cm, 세로 4cm, 두께 0.4cm로 썰어 칼집을 넣는다.(사진1)
2. 고추장 양념을 만들어 돼지고기에 골고루 묻혀 재워둔다.(사진2)
3. 팬에 기름을 발라 양념한 고기가 타지 않게 골고루 익힌다.(사진3)

재료 돼지고기 150g, 식용유 1큰술
양념: 고추장 3큰술, 진간장 1큰술, 다진 파 1작은술, 다진 마늘 $\frac{1}{2}$작은술, 설탕 1큰술, 깨소금 1작은술, 참기름 1작은술

32.

너비아니구이

만드는 법

1. 소고기는 핏물을 제거하고 가로 6cm, 세로 5cm, 두께 0.4cm의 크기로 썰어 칼로 두드린다. (사진1)
2. 배즙을 넣어 양념장을 만든다.
3. 고기는 한 장씩 양념장으로 재운다. (사진2)
4. 팬에 기름을 바르고 양념된 고기를 타지 않게 지진다.
5. 너비아니 위에 잣가루를 얹는다. (사진3)

재료 소고기 100g, 식용유 1큰술, 잣가루 1큰술
양념장: 진간장 3큰술, 다진 파 1작은술, 다진 마늘 1작은술, 설탕 1큰술, 깨소금 1작은술, 참기름 1작은술, 배즙 2큰술

33.

더덕구이

만드는 법

1. 통더덕은 깨끗이 씻어 껍질을 돌려가며 벗기고, 길이 5cm로 썰어 반 가른다.
2. 더덕은 소금물에 20분 정도 절인 후 방망이로 밀어 편다.(사진1)
3. 더덕은 물기를 제거한 후 유장을 바른다.(사진2)
4. 팬에 유장 바른 더덕을 앞뒤로 살짝 지진다.
5. 애벌구이한 더덕에 고추장양념을 발라 타지 않게 지진다.(사진3)
6. 접시에 보기 좋게 담아낸다.

재료 통더덕 5개, 소금 2큰술, 물 3컵
유장: 간장 1큰술, 참기름 3큰술
양념: 고추장 3큰술, 고춧가루 1큰술, 진간장 1작은술, 설탕 2큰술, 다진 파 1작은술, 다진 마늘 1작은술, 깨소금 $\frac{1}{2}$작은술, 참기름 1큰술

34.

북어찜

만드는 법

1. 북어포는 물에 적셔 부드럽게 한다.
2. 불린 북이포는 머리, 꼬리, 지느러미, 잔가시를 제거한 후 껍질 쪽에 칼집을 넣어 오그라들지 않게 한다.(사진1)
3. 북어포는 물기를 제거하고 6cm 길이로 자른다.(사진2)
4. 냄비에 북어를 넣고 양념장을 올려 물을 부은 후 약 불로 끓인다.(사진3)
5. 실고추는 2cm로 자른다.
6. 북어가 잘 무르고 국물이 조금 남았을 때 실고추를 얹고 뜸을 들여 그릇에 담아낸다.(사진4)

①

②

③

④

재료 북어포 1마리, 실고추 1g, 물 1컵

양념장: 간장 2큰술, 설탕 1큰술, 다진 파 1작은술, 다진 마늘 1작은술, 생강즙 1작은술, 깨소금 $\frac{1}{2}$작은술, 참기름 1큰술

35. 닭찜

만드는 법

1. 닭은 손질해 4~5cm 길이로 자른 뒤 끓는 물에 데친다.(사진1)
2. 당근은 가로 · 세로 3cm로 썰어 모서리를 다듬는다.
3. 양파, 표고버섯은 가로 · 세로 3cm로 썬다.(사진2)
4. 달걀은 황 · 백 지단을 부쳐 마름모꼴로 썰고 은행은 팬에 기름을 둘러 볶아 껍질을 벗겨낸다.
5. 양념장을 만든다.
6. 냄비에 닭, 양념장 2/3, 물 2컵을 부어 끓으면 당근을 넣고 중불에서 익힌다.(사진3)
7. 닭이 반쯤 익으면 양파, 표고버섯, 남은 양념을 넣고 윤기 나게 졸인다.(사진4)
8. 국물이 2큰술 남았을 때 그릇에 담아낸다.
9. 황 · 백 지단과 은행을 올린다.

①

②

③

재료 닭(300g) $\frac{1}{2}$마리, 당근 50g, 양파 50g, 불린 표고버섯 2장, 달걀 1개, 은행 3개, 식용유 2큰술
양념장: 진간장 3큰술, 다진 파 1큰술, 다진 마늘 1작은술, 다진 생강 1작은술, 설탕 1큰술, 깨소금 1작은술, 참기름 1작은술

④

36. 돼지갈비찜

만드는 법

1. 돼지갈비는 핏물을 제거한 후 5cm 정도로 잘라, 끓는 물에 데쳐 기름기를 뺀다. (사진1)
2. 감자, 당근은 가로・세로 3cm로 썰어 모서리를 다듬는다.
3. 양파는 뿌리를 살려 길이 5cm, 폭 1cm로 썰고, 청・홍고추는 어슷 썰어 씨를 털어낸다. (사진2)
4. 양념장을 만든다.
5. 냄비에 데친 갈비, 양념장 $\frac{2}{3}$, 물 4컵을 붓고 당근을 넣어 뚜껑을 덮은 다음 중불에 익힌다.
6. 갈비가 반쯤 익으면 감자, 양파와 나머지 양념장을 넣어 끓인다. (사진3)
7. 국물이 3큰술 남았을 때 청・홍고추를 넣고, 국물을 끼얹어가며 윤기나게 조린다. (사진4)
8. 그릇에 돼지갈비찜을 담고 남은 국물을 끼얹는다.

재료 돼지갈비 200g, 감자 $\frac{1}{2}$개, 당근 50g, 양파 $\frac{1}{2}$개, 홍고추 1개

양념장: 진간장 3큰술, 다진 파 1큰술, 다진 마늘 1작은술, 다진 생강 1작은술, 설탕 1큰술, 청주 1큰술, 깨소금 1작은술, 참기름 1작은술

37.

두부조림

만드는 법

1. 두부는 가로 4.5cm, 세로 3cm, 두께 0.8cm로 네모지게 썰어 소금을 뿌린다. (사진1)
2. 대파와 실고추는 2cm로 잘라 채 썬다.
3. 양념장을 만든다.
4. 두부의 물기를 제거하고 팬에 기름을 둘러 앞뒤로 지진다. (사진2)
5. 냄비에 두부와 양념장을 넣고 물을 가장자리에서 부어준다.
6. 두부에 국물을 끼얹어 가며 조린다. (사진3)
7. 두부가 조려지면 파와 실고추를 얹고 뚜껑을 덮어 뜸을 들인다.

재료 두부 200g, 소금 $\frac{1}{2}$큰술, 대파 20g, 실고추 1g, 식용유 2큰술, 물 1컵

양념장: 진간장 1큰술, 백설탕 1작은술, 다진 파 1작은술, 다진 마늘 $\frac{1}{2}$작은술, 깨소금 $\frac{1}{2}$작은술, 후춧가루 1g, 참기름 1작은술

38.

돼지고기장조림

만드는 법

1. 돼지고기는 4등분하여 끓는 물에 5분 데친다.(사진1)
2. 냄비에 물을 넣고 끓으면 데친 돼지고기를 넣는다.
3. 돼지고기는 20분 정도 끓이다가 양념장을 넣는다.
4. 생강, 마늘, 건고추를 넣고 20분 정도 더 끓인다.(사진2)
5. 꽈리고추를 넣고 5분정도 더 끓인다.(사진3)

재료 돼지고기(안심) 500g, 꽈리고추 5개, 생강 20g, 건고추 1개, 마늘 5쪽

양념장: 간장 6큰술, 설탕 2큰술, 청주 2큰술

39.

소불고기

만드는 법

1. 쇠고기는 결 반대로 가로 3cm, 세로 4cm, 두께 0.2cm로 썬다.
2. 양파와 느타리버섯은 길이 5cm로 썬다. (사진1)
3. 양념장을 만든다.
4. 소고기는 양념장에 주물러 간이 베이도록 무친 후 양파를 섞는다. (사진2)
5. 팬에 고기를 볶다가 느타리버섯을 넣는다. (사진3)

재료 소고기 등심(불고기용) 300g, 양파 $\frac{1}{4}$개, 느타리버섯 30g

양념장: 간장 2큰술, 설탕 1큰술, 배즙 1큰술, 양파즙 1큰술, 다진 마늘 1작은술, 다진 파 1작은술, 깨소금 1작은술, 후춧가루 약간, 참기름 1큰술

40.

돼지고기 수육

만드는 법

1. 냄비에 물이 끓으면 고기를 넣는다.(사진1)
2. 고기가 20분정도 삶아지면 뚜껑을 열고 삶는다.
3. 고기에 된장, 청주, 마늘, 생강, 통후추, 대파, 건고추, 양파를 넣고 30분 정도 더 삶는다.(사진2)
4. 수육이 삶아지면 꺼내서 두께 0.5cm로 썬다.(사진3)

①

②

③

재료 돼지고기(삼겹) 300g. 새우젓 2큰술, 쌈채소 70g, 물 10컵~12컵
된장 1큰술, 청주 1큰술, 마늘 5쪽, 생강 15g, 통후추 6~7알, 대파 30g, 건 고추 1개, 양파 $\frac{1}{4}$개

41. 멸치볶음

만드는 법

1. 팬에 잔멸치와 아몬드를 넣고 약 불에서 2분 정도 볶는다. (사진1)
2. 팬에 식용유, 잔멸치를 넣고 약 불에 볶아 접시에 펼쳐 놓는다. (사진2)
3. 양념장을 만든다.
4. 팬에 양념장을 넣고 끓기 시작하면 멸치와 아몬드를 넣고 볶는다. (사진3)
5. 멸치가 볶아지면 참기름을 넣고 뒤적이다가 통깨를 뿌린다.

①

②

③

재료 잔멸치 50g, 아몬드 30g, 참기름 1작은술, 통깨 1작은술, 식용유 3큰술
양념장: 간장 1작은술, 설탕 1큰술, 물엿 2큰술, 청주 1큰술, 다진 파 1작은술, 다진 마늘 1작은술

42.

육원전

만드는 법

1. 소고기는 곱게 다지고, 두부도 물기를 짜서 으깬다.
2. 소고기와 두부에 양념을 넣고 치댄 후 지름 4cm정도로 동글납작하게 빚는다.(사진1)
3. 달걀은 소금을 조금 넣고 풀어둔다.
4. 소고기 완자는 밀가루를 묻히고 달걀물을 묻힌다.(사진2)
5. 팬에 기름을 두르고 약 불에서 육원전을 지진다.(사진3)
6. 초간장을 곁들인다.

재료 소고기(살코기) 70g, 두부 30g, 밀가루(중력분) 20g, 달걀 1개, 소금 $\frac{1}{4}$작은술, 다진 파 1작은술, 다진 마늘 1작은술, 깨소금 $\frac{1}{2}$작은술, 후춧가루 약간, 참기름 약간, 식용유 3큰술

43.

생선전

만드는 법

1. 흰살 생선은 뼈와 껍질을 제거하고 가로 6cm, 세로 5cm, 두께 0.4cm가 되도록 포를 떠서 소금, 후추로 간한다.(사진1)
2. 생선살의 물기를 제거한다.(사진2)
3. 달걀은 소금을 넣고 섞어 풀어둔다.
4. 생선살은 밀가루, 달걀물에 묻혀 기름 두른 팬에 앞뒤로 지진다.(사진3)
5. 초간장을 곁들인다.

재료 흰살 생선 300g, 밀가루 3큰술, 달걀1개, 소금 10g, 흰후춧가루 2g, 식용유 5큰술
초간장: 간장 1큰술, 설탕 1작은술, 식초 1큰술

44. 해물파전

만드는 법

1. 쪽파는 다듬어 길이를 반 잘라 소금, 참기름으로 양념한다. (사진1)
2. 조갯살, 새우살은 소금물에 씻어 다진 파, 다진 마늘, 깨소금으로 양념한다.
3. 청고추, 홍고추는 길이 2cm로 어슷 썬다.
4. 달걀은 풀어 둔다.
5. 밀가루, 쌀가루, 소금, 물을 넣고 반죽을 만들어 다진 파, 다진 마늘, 깨소금으로 양념한다.
6. 팬에 식용유를 두르고 반죽을 넓게 펴고 파를 올린다. (사진2)
7. 파전 위에 조갯살, 새우살을 얹고 반죽을 살짝 덮는다. (사진3)
8. 파전이 거의 익으면 달걀물을 올린다. (사진4)
9. 파전에 뚜껑을 덮고 익힌다.

재료 쪽파 70g, 조갯살 50, 새우살 50g, 청고추 1개, 홍고추 1개, 달걀 1개, 다진 파 1큰술, 다진 마늘 1큰술, 깨소금 1큰술, 참기름 1큰술, 식용유 5큰술
반죽: 밀가루 1컵, 쌀가루 3큰술, 소금 약간, 물 1컵
초간장: 간장 1큰술, 설탕 1작은술, 식초 1큰술

45. 녹두전

만드는 법

1. 거피 녹두에 물을 넉넉히 붓고 5시간정도 불린다.
2. 녹두 껍질을 깨끗이 벗겨 씻어서 물기를 뺀다.
3. 녹두가 갈릴 정도의 물을 넣고 되직하게 간다.(사진1)
4. 배추김치는 물기를 꼭 짜서 잘게 썬다.
5. 숙주는 데친 후 송송 썰고, 소고기는 0.1cm 크기로 다진다.
6. 배추김치, 숙주, 소고기에 양념하여 소를 만든다.(사진2)
7. 청・홍고추는 어슷 썰어 고명을 만든다.
8. 갈아 둔 녹두에 멥쌀가루를 섞어서 반죽을 만들어 소금으로 간을 맞춘다.
9. 팬에 식용유를 두르고 반죽은 직경 5cm 크기로 놓고 지진다.
10. 녹두전 위에 소를 올리고 녹두 반죽을 조금 올린다.
11. 녹두전 위에 어슷 썬 청・홍고추를 고명으로 얹어 지진다.(사진3)

재료 거피 녹두 1컵, 멥쌀가루 $\frac{1}{2}$컵, 배추김치 40g, 숙주 30g, 소고기 50g, 청고추 $\frac{1}{2}$개, 홍고추 $\frac{1}{3}$개, 식용유 5큰술, 소금 1큰술

양념: 간장 1작은술, 다진 파 1작은술, 다진 마늘 $\frac{1}{2}$작은술, 참기름 1작은술, 후춧가루 약간

초간장: 간장 1큰술, 식초 1작은술, 물 1큰술

46.

버섯산적

만드는 법

1. 쇠고기는 길이 7cm, 폭 1cm, 두께 0.7cm로 썰어 칼등으로 두드려 양념한다.(사진1)
2. 새송이버섯, 청피망, 홍피망도 쇠고기 크기로 준비한다.(사진2)
3. 새송이버섯, 청피망, 소고기, 홍피망, 새송이버섯 순서로 꼬지에 끼운다.(사진3)
4. 밀가루, 달걀을 묻혀 지진다.
5. 식은 다음 꼬지를 뺀다.
6. 초간장을 곁들인다.

재료 쇠고기살 100g, 새송이(중) 1개, 청피망 1개, 홍피망 1개, 꼬지 4개, 밀가루 3큰술, 달걀 1개
양념: 진간장 1큰술, 다진 파 1작은술, 다진 마늘 $\frac{1}{2}$작은술, 설탕 1작은술, 깨소금 약간, 후춧가루 약간, 참기름 1작은술
초간장: 간장 1큰술, 설탕 1작은술, 식초 1큰술

47.
나박김치

만드는 법

1. 배추와 무는 씻은 후 가로 2cm, 세로 2.5cm, 두께 0.4cm 정도로 나박 썰기 한다.
2. 배추와 무는 소금물에 10분 정도 절인다.(사진1)
3. 쪽파와 미나리는 씻은 후 2.5cm정도로 썬다.
4. 청·홍고추는 반을 잘라서 씨를 제거한 후 씻어 곱게 채를 썬다.
5. 면주머니에 고춧가루, 마늘, 생강을 넣는다.(사진2)
6. 용기에 무, 배추, 물, 소금, 그린스위트, 면주머니를 넣는다.(사진3)
7. 배를 큼직하게 썰어 넣고, 쪽파, 미나리, 청·홍고추를 넣는다.(사진4)
8. 하루가 지나면 냉장한다

재료 배추 100g, 무 100g, 쪽파 10g, 미나리 10g, 홍고추 $\frac{1}{2}$개, 풋고추 $\frac{1}{2}$개, 생수 700m, 천일염 20g, 고춧가루 20g, 다진 마늘 40g, 다진 생강 10g, 그린스위트 3g, 배 $\frac{1}{8}$개

48.

오이소박이

만드는 법

1. 오이는 깨끗이 씻은 후 6cm로 잘라 양끝 1.5cm 정도의 여분을 남기고 열십자로 칼집을 넣어 소금물에 절인다. (사진1)
2. 부추는 0.5cm 길이로 송송 썰어 고춧가루와 섞는다.
3. 부추에 마늘, 생강, 설탕, 액젓을 넣고 섞어 소를 만든다. (사진2)
4. 절인 오이는 채반에 건져 1시간 정도 물기를 뺀다.
5. 오이 칼집 사이에 소를 채워 넣는다. (사진3)
6. 용기에 오이소박이를 담는다.
7. 소를 버무린 그릇에 물 3큰술을 섞어 오이소박이 위에 끼얹는다.

재료 오이 3개, 부추 30g, 고춧가루 3큰술, 다진 마늘 1큰술, 다진 생강 1작은술, 설탕 1큰술, 멸치액젓 1큰술, 소금 1작은술

49.

깍두기

만드는 법

1. 무는 가로·세로 2cm로 썰어 설탕 1큰술, 소금 1큰술에 1시간 절여 채빈에 긴져 물기를 뺀다. (사진1)
2. 쪽파는 길이 2cm로 썰고 건고추, 배, 양파를 갈아 둔다.
3. 찹쌀가루 2큰술에 물 반컵을 넣고 끓여 풀을 쑨다.
4. 무는 고춧가루를 먼저 넣고 버무린다. (사진2)
5. 무에 쪽파, 마늘, 생강, 액젓, 새우젓, 설탕, 갈아 둔 양념을 넣고 섞는다. (사진3)
6. 소금으로 간을 맞춘다.
7. 실온에서 하루 두었다가 냉장고에 넣는다.

재료 무 1kg. 쪽파 5대, 건고추 2개, 배 30g, 양파 30g, 찹쌀풀 3큰술, 고춧가루 4큰술, 다진 마늘 5쪽, 다진 생강 1큰술, 액젓 1큰술, 새우젓 1큰술, 설탕 1큰술, 소금 1큰술

50.

배추김치

만드는 법

1. 배추는 물에 담갔다가 사이사이에 천일염을 넣고 5시간 정도 절인다.
2. 절여진 배추는 흐르는 물에 씻어서 채반에 올려 1시간정도 물기를 뺀다. (사진1)
3. 무는 깨끗이 씻어서 길이 5cm, 폭・두께 0.3m 정도로 채를 썬다.
4. 쪽파, 미나리는 씻은 후 3cm로 자른다.
5. 배는 껍질 제거 후 채를 썬다.
6. 무채에 고춧가루를 넣고 물을 들인다. (사진2)
7. 무채에 찹쌀풀, 새우젓, 설탕, 마늘, 생강을 넣고 버무린다.
8. 쪽파, 미나리, 배를 넣고 버무려 소를 만든다.
9. 배추 사이사이에 소를 골고루 넣는다. (사진3)
10, 용기에 배추김치를 담는다.
11. 김치를 버무린 그릇에 생수와 소금으로 간을 하여 넣는다.
12. 실온에 하루 두었다가 냉장한다.

①

②

③

재료 배추 $\frac{1}{4}$통, 무 200g, 쪽파 20g, 미나리 20g, 배 $\frac{1}{8}$개, 고춧가루 5큰술, 찹쌀풀 3큰술, 새우젓 1큰술, 설탕 1큰술, 다진 마늘 2큰술, 다진 생강 1큰술, 천일염 반컵, 소금 1큰술

[참고문헌]

강인희(1987), 한국의 맛, 대한교과서.

김상보(2004), 조선왕조 궁중의궤음식문화, 수학사.

김명희 외 5인(2017), 한국의 갖춘음식, 백산출판사.

노봉수 외 6인(2011), 생각이 필요한 식품재료학, 수학사.

신미혜 외 2인(2006), 한국의 전통음식. 백산출판사.

염초애 외 2인(1992), 한국음식, 효일문화사.

윤숙자(2007), 한국의 저장발효음식, 신광출판사.

윤숙자(2010), 한국의 떡 · 한과 · 음청류, 지구문화사.

이효지(1998), 한국음식문화, 신광출판사.

장지현 외 11인(2001), 한국음식대관 제4권 발효음식 저장 가공식품, 한림출판사.

전정원 외 7인(2010), 전통향토음식, 교문사.

전희정 외 2인(2000), 한국향토음식, 문화관광부.

전희정 외 1인(2009), 전통저장음식, 교문사.

정길자 외 4인(2010), 한국의 전통병과, 교문사.

정낙원 외 1인(2007). 향토음식. 교문사.

최봉순(2015), 고향의 맛 향토음식, 가담플러스.

최봉순(2017), 저절로 손이 가는 떡 한과 음청류, 가담플러스.

한복려 외 1인(2013), 한국인의 장, 교문사.

한억(1994), 향토음식의 개발과 보급. 식품과학과 산업.

황현주 외 9인(2014), 전통한식과 약선요리, 지구문화사.

황혜성 외 2인(2003), 조선왕조궁중음식, (사)궁중음식연구원.

황혜성 외 3인(2010). 3대가 쓴 한국의 전통음식. 교문사.

황혜성 외 3인(2010), 3대가 쓴 한국의 전통음식, 교문사.

저자약력

최 봉 순

현) 혜전대학교 호텔조리과 교수
경기대학교 관광학 박사
한식조리기능장

송 경 숙

현) 원광보건대학교 호텔관광외식학부 외식조리과 교수
외식조리과 학과장
경기대학교 관광학 박사

우리가 즐겨먹는 **한국음식**

2018년 2월 20일 (1판 1쇄 인쇄) / 2018년 2월 26일 (1판 1쇄 발행)
지은이. 최봉순 · 송경숙
펴낸이. 고범석 | 펴낸곳. 가담플러스. 서울시 마포구 동교로 144-7 영일빌딩
등록. 2014년 3월 18일 제 2014-000094호
E-mail. gadambooks@naver.com
www.gadamplus.com

ISBN 979-11-86447-24-6 13590 가격 **24,000**원